世界中で

超英会話
コミュ力

嶋津幸樹

はじめに

2007年、僕は地元山梨で英語塾を開校しました。まだ17歳のことでした。日本の英語教育に対してイラだちを感じていたのです。

決して、英語が得意だったわけではありません。開校時の英語の偏差値は50程度でした。後輩に英語を教え始めると、自分の英語の偏差値が80に達したのです。わずか4カ月のことで、当時は驚きを隠せませんでした。

「教えることは、自分を成長させることだ」と気づき、教え子にも"先生"になってもらって、同じ経験をしてもらったのです。その後、僕は海外の大学に渡り、応用言語学を修め、若い世代同士を交流させるイングリッシュキャンプの普及活動をはじめました。そうした教育方法が評価され、2017年に世界最大の教育機関ピアソンからアジアNo.1の英語教師の認定をいただいたのです。

本書は、僕の教育経験における挫折と苦労の集大成となっています。単なるシチュエーション別の英会話本ではありません。語学よりも大切なものがあります。英語を覚えても話す相手がいなければ、その表現を使う機会は限られてしまいます。「何を話せばいいのか」というグローバルコミュニケーションのルールをしっかりおさえれば、信頼関係を築くことができるのです。

本書の中では、僕が海外で経験した苦い過去を振り返りながら、コミュニケーションルールを「自分軸」「他者軸」「社会軸」という3つの切り口で紹介しています。僕はこの3つを「グローカル3軸（技能）」と名付けました。この技能はこれまでの日本の社会では求められてこなかったのです。

自分を理解していないので自己紹介ができず、
相手の好意を読み取れずモジモジしてしまう、
社会に関心がないので他人から関心をもってもらえない

これまで日本で出会ってきた3万人以上の中高生、大学生に共通する特徴です。日本の英語教育が提供すべき学びは、語学を超えたスキルの獲得になっていくはずです。

本書を通じて、日本人だけが知らない常識について一緒に学んでいきましょう。この本には、世界中のグローバルエリート1000人以上と関わってきた知見がまとまっているので、数千時間分のコミュニケーションノウハウがつまっています。みなさまに知識を共有することで、国籍を問わず、言語を問わず、人との会話が楽になって今まで以上に良好な人間関係が生まれ、人生観が変わるほどの大きな転機になることを願っています。

嶋津幸樹

本書の構成と使い方

本書では、英語を話す前に必要な「グローカル3軸（技能）」の重要性をお伝えします。グローカル3軸とは、「自分を伝える力」、「相手の立場に立って考える力」、「社会に関心を持つ力」です。Part 1に「自分軸」、Part 2で「他者軸」、Part 3で「社会軸」を取り上げ、それぞれに最低限必要な表現を取り上げ、トレーニングしていきます。

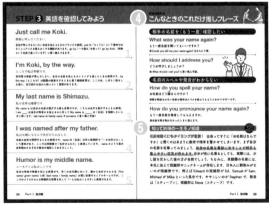

❶ テーマ

グローカル3軸をおさえると言っても、神羅万象に精通する必要はありません。本書では必要十分なテーマを取り上げ、そのテーマごとの表現をトレーニングします。

❷ グローカルマインドをおさえる

STEP 1 として、なぜそのテーマを学ぶ必要があるのかを説明します。このテーマを学ぶ意義をおさえることで心の準備ができ、英語を話す前に知っておかなければならないことを認識します。

❸ グローカル英語のキホン

STEP 2 として、各テーマに必要な英語表現を覚えます。一見簡単そうに見えるものでも、シチュエーションを意識しながら何度も音読してみましょう。解説を読んでみると思わぬ発見があるかもしれません。

❹ こんなときのこれだけ推しフレーズ／これだけキーワード

英語がそこまで得意ではない方のために、これだけ覚えればなんとかなる！という短めの英語の定型表現やキーワードを紹介しています。

❺ 知って納得の一生モノ知識

教科書には書いていないのに、生活するうえで必要な知識は存在します。語源や国際社会のルール、歴史など思わず他人に話したくなる知識をわかりやすく解説しています。

目次

Part 1
グローカルマインド
自分軸

Part 2
グローカルマインド
他者軸

Part 3
グローカルマインド
社会軸

英語はツール
人間関係をつくる
グローカル3軸（技能）とは

英語を学べば海外とつながれると思っていた

2014年秋、25歳だった僕は英国留学を前に胸を弾ませていました。高校時代は英語偏差値が80を超え、大学時代にはTOEIC/IELTS のリスニングは満点、IELTS スピーキングで8.5を取得しており、英語力は完璧だと思っていたのです。

世界中の英知が集まる英国の大学院で、自分を磨き、教養を浴びるように学び、世界で通用するグローバル戦士になってやる——そんな野心をもって空港に行ったことを昨日のことのように覚えています。

新学期がスタートする前のある日。僕のような留学生を含む多国籍の学生が集まって親睦を深めるリセプションパーティーが開かれました。友達を一人でも多く作っておくにはちょうどいい機会だと意気込んで、目の前にいた髪の毛の色も肌の色もまったく異なる男の子に話しかけてみました。My name is Koki. と。すると彼は Hi. と答えるだけで名前を名乗ってくれないのです。自己紹介ができないのです。

日本で何万時間もかけて学んだ英語が使えないなんて信じられないことでした。自分の口から出る英語がおかしいのか、考えれば考えるほど自信がなくなって違和感しかないのです。その後、ぼそぼそと他の人に話しかけても相手の顔がぎこちない。自分だけが feel like a fish out of water な雰囲気にひとり立ちすくみ、もじもじする自分はスマホをいじるしかありませんでした。

　試練は終わりませんでした。オックスフォードのパブで見かけた 3 人組の学生に、勇気を振り絞って話しかけてみましたら、3 分も経たぬ間に、What does your father do? という質問が飛んできたのです。父親がどう関係しているのか、まったく想像もつきませんでした。僕の父は会社員をしていると素直に伝えると、そこからは彼らの会話には入れてもらえなかったのです。自分の名前を聞かれる前に父親の職業で関わり方が変わる社会、社会階級が色濃く残る世界があることを僕は知りませんでした。目も合わせてもらえないまま、その場を去るしかありませんでした。

　これは英語力の問題ではない、グローバルな環境で生き延びるためには語学力以外の要素が左右するのではないか。

　そこから 3 年間、そんな仮説を立てながら、世界中から集まった学生とのコミュニケーションを重ねました。授業で初めて出会うクラスメートとのあいさつ、友人宅での食事、祝日の過ごし方、

お祝いの場などあらゆるシチュエーションで必要な振る舞いや文化的知識、暗黙の社会ルールを体で学んでいったのです。

世界の常識と日本の常識、グローバルとローカルの違い、グローバルなバックグラウンドを持つ人々と議論・協働すること、相手の文化を尊重し、理解し、受け入れ、自分自身の意見を表明すること──。これらの重要性を肌で感じ、英会話の先にある（いや、英会話の前にあるべき）スキルの獲得が日本人にとって急務であると確信しました。

帰国後は、この経験を伝えるために全国の学校を巡り、これまで3万人以上の中高生にグローバルで通用するスキルとは何かを考える研修や教育プログラムを実施してきました。僕が監修しているプログラムでは、海外のエリート大学生を招き、日本の中高生に彼らが大学で学んでいることについて語ってもらうのです。泊まり込みで数日間、そこでは深いコミュニケーションが多発します。海外の学生と日本の中高生の間には特有のギャップが生まれるのです。

日本人と、世界から集まった海外大学生との違いを言葉にして、その違いを効果的に埋めるのにはさらに多くの時間が必要でした。幸い、そうした課題を多国籍の人々と共有して彼らからのフィードバックを得ることで、3つ顕著な特徴を発見することができたのです。

それが、本書で紹介する自分軸、他者軸、社会軸です。

自分 と向き合う力	自己理解・メタ認知・ 目標設定・振り返り	グ ロ ー カ ル 3 技 能
他者 と向き合う力	議論・協働・共創・ 利他主義・利他的行動	
社会 と向き合う力	批判的思想・意見表明・ 知識・教養・異文化理解	

自分軸→自己理解、メタ認知、目標設定、現在地、アイデンティティ

1つ目は自分のことを深く理解し、メタ認知できる力、そして目標設定と振り返りを通して自己調整できる力です。よりシンプルに言うと、自分のストーリーを語ることができるスキルのことです。

単なる自己紹介ではなく、自分のことを深く見極め、自分がなぜここにいるのか、なぜその仕事をしているのか、どのように社会貢献しているのか、将来どのような世界を夢見ているか。これまでどのような目標を設定し、自分の得意・不得意を認識し、何を成し遂げてきたのか。日本語でも英語でも自分に対する「なぜ」に対して回答できることが重要なのです。

ロンドン大学で出合ったシンガポール出身のサマンサは、第2次世界大戦前の日本における「良妻賢母」について研究してい

ました。日本の歴史に惹かれ、日本の教育や日本人の考え方に興味を持ち、日本語も学んでいるというのです。彼女は、自分が置かれている環境を理解し、何ができるのかを考えたうえで、日本の中高生に伝えたい想いがあると語りました。シンガポールと日本の教育を比較分析しながら、「『昭和の良き妻とは？』について日本語と英語で議論することで多角的な視点を身につけてもらいたい」と、出会って最初の10分でそんな想いを語ってくれました。

　これは単なる自己紹介ではなく、自分に対するなぜを追求した彼女のストーリーです。これまで何千人ものグローバルエリートに出合い、彼らに共通していることは単に英語ができるということだけでなく、自分の人生のストーリーを母語でも英語でも語ることができるということだと気づきました。彼らの話を聞けば聞くほど引き込まれていきます。

　資格試験でハイスコアを持っていても「なぜ？」に対する問いに回答できなければ単に英語ができるだけの人間になってしまいます。自分の現在地を知り、客観的に自分を見つめ、目標設定と振り返りを繰り返すスキルがグローバルスタンダードなのです。グローバルを知るためにはまずローカルを見つめ直すことから始めましょう。グローバルコミュニケーションは「英語ができること」ではなく、「自分自身を深く知ること」、「自国の文化を深く理解すること」が最初の一歩なのです。

他者軸→思いやり、協働、利他主義、感謝する力

2つ目は多様な背景を持った人々と対等に議論・協働・共創する力です。多様な背景を持った人々というのは国籍、階級、職業、教育、性別などが異なる相手のことです。彼らを知り理解すること、そしてステレオタイプを捨てて多様性を受け入れることがグローバルコミュニケーションの前提条件です。日本人同士であっても背景の異なる他者と対等に向き合うのは簡単ではありません。

当然のことですが、コミュニケーションは他者がいて初めて成り立ちます。人間は社会的な動物であり、他者とコミュニケーションをとって生きていくものなのです。英単語やフレーズを何万語覚えても、他者への理解がなければそうした知識を使う機会すら失われるのです。

僕は、これまで多様な背景を持つ人々がそれぞれの常識をすり合わせ、世界基準を作っていく過程に幾度となく遭遇しました。運営・監修を担当している教育プログラムの1つであるイングリッシュキャンプでは、世界中から海外大学生を招待し、日本全国の中高生がともに学び英語で議論し、英語で発表します。

これまで50カ国近い国籍の海外大学生と一緒にプログラムを創ってきましたが、必ず異文化衝突が起こります。それは英語力の問題があるときに起こるのではなく、相手を理解し、尊重するマインドセットの欠如があるときに起こります。協働する上では

グランドルールの設定が重要であり、共通の価値観や考え方をすり合わせ、共有文化（shared culture）を持っている必要があります。他者と異なることを明確化することが重要なのではなく、「すり合わせる」ことが重要なのです。「すり合わせる」ために、相手との立場の違いを明確化させるのです。

そして利他主義（altruism）という概念についてもグローバルコミュニケーションの基本として考えておきましょう。自分軸を確立しながらも、他者のために行動すること、感謝されることは言語や文化を超えた人間の根本にあるコミュニケーションの本質です。人のためを想った気遣いや恩義を意識した発言はグローバルコミュニケーションの礎とも言えるでしょう。

社会軸→知識、教養、異文化理解

3つ目は、社会のこと、世界のことを考え、自分の意見や見解を述べる力、自国や世界の文化、歴史、政治、経済まで幅広く関心を持つこと、多様な文化に対して柔軟に理解し受け入れる力です。ひと言でいえば、相手の文化や世界について興味を持っていることです。

僕が監修しているイングリッシュキャンプで、興味深いことが起きました。学生同士が自分の国の迷信について語ることになり、一人ずつ発表しようとしたのですが、日本人だけが迷信を表現できないのです。欧米だけでなくアフリカ、アジアのバックグラウンドを持つ学生も「私の国にはこんな迷信があるよ！」と嬉々として発表しているのに対し、日本の中高生だけがそれができず衝撃を受けてしまいました。英語だからできないというよりも、日本語でも自国の文化について語れないのが現実です。

この本を読んでいる読者の方はいかがでしょうか。日本の文化や歴史、政治経済、社会問題、そして世界の偉人や宗教についてどれだけ認識し、自分の経験や意見を英語で語ることができますか。これらは世界の知識教養として知っておかなければならない常識です。海外出身の人と接する際、それが日本国内であれ外国の場であれ、私たちは自分の国を代表していて、相手から「人間力」が測られているのです。知識の豊富さが求められているというより、関心があるかどうかが問われていると言えます。

そして何より、AI時代において最も重要となる力と言われている批判的思考力（critical thinking skills）は、日本語で解釈すると「相手の粗探しをして文句を言う能力」のように響きますが、「論理的・科学的・客観的に情報をクライテリアに基づいて取捨選択し、評価し、判断する能力」が正しい解釈です。ネット上にあらゆる情報が溢れかえるいまだからこそ、英語で一次情報にアクセスすることはもちろん、正しいデータやエビデンスを持って判断していくことがますます求められるでしょう。

　母語が異なる人々の共通語、リンガ・フランカの時代では、アメリカ英語やイギリス英語が世界の基準ではなくなり、第二言語として英語を話す人々が増え続けています。"正しい英語"はもはや存在せず、自分の意見を表明すること、世界のことについて対等に議論することを意識することがより求められるようになってきています。

グローカル3技能があってこそ英語力が生きる

イギリス留学での苦い経験を繰り返させないために、日本全国で何百もの教育プログラムを実施し、自分よりも若い世代に国内においても"世界"を経験できるように尽力してきました。そうしたプロジェクトを積み重ねることで、それまで定義することができていなかった世界と日本とのマインドの差に言葉を名付けることができるようになり、その定義化がさらに若い世代の効果的な学びにつながっていったのです。

それがここで紹介した「自分軸」「他者軸」「社会軸」という3つの軸です。この3軸を自分や自国を意味する「ローカル」と他者や世界を意味する「グローバル」でかけ合わせて「グローカル3技能」と名付けました。従来の「Listening（聞く）」「Reading（読む）」「Speaking（話す）」「Writing（書く）」の英語4技能に付け加え、この7技能の獲得を僕は教育の軸にしてきたのです。

　本書ではこのグローカル3技能をシチュエーション別に確認できる構成としました。各テーマには、グローカルマインドに沿った英語表現が紹介されていますが、一例に過ぎません。グローカルマインドを押さえたうえで、自分に合った自分らしい英語表現を見つけるきっかけにしていただければ幸いです。

グローバルコミュニケーション10のルール

ハーバードやオックスフォードなどを卒業したグローバルエリートと対話をしてきて、彼らに共通するグローバルコミュニケーション力を研究すると、「グローカル３軸」を構成する「グローバルコミュ力」の10の基本ルールがあることに気がつきます。p.21から始まる本編では、コミュニケーション力を引き上げる視点を細かく分解して説明します。

　ここでのグローバルコミュ力とは、世界中のあらゆる人種や文化を持つ人々と対等に対話し議論し、協働する能力のことを指します。

自分からあいさつをする Initiating Greetings

自分から元気よくあいさつをしてみましょう。長期的な付き合いになるかどうかがココで決まります。第一印象は、最初の一歩を踏み出すことで初頭効果（initial effect）を高めることができます。

相手の名前を呼ぶ Different Ways to Introduce Yourself

出会った相手を名前で呼びましょう。相手の下の名前やあだ名で呼ぶことで親近感が湧き、好感度や信頼度が高まります。同時に自分の名前を呼んでもらうように努めることも重要です。

質問する Asking Questions

相手の感情に寄り添った質問をして１つの話題を深掘りしましょう。自分の話をするためにも、まずは相手の情報を引き出し、自分がリアクションできる話題に持っていくことが重要です。

傾聴する Attentive Listening

出会って最初の１分間は質問を通して相手の話を傾聴しましょう。グローバルコミュ力において最も重要なことは相手の話を正確に聞き取ることです。傾聴は自分と相性が良い仲間を見つけるための第一歩です。

相手の目を見る Making Eye Contact

相手の目を見て話を聞き、自分の想いや考えを伝えましょう。人間は相手の白目の動きから感情が読み取れる動物であると言われています。姿勢を整えて相手の目を見て頷く、反応する、目を見てつながるのが基本です。

共通点を見つける Finding Common Ground

出会って最初の1分間で多くの共通点を見つけましょう。ここで共通点を見つけられないと、多くの場合、長期的な付き合いには発展しません。相手の出身国の話や共通の趣味などで話を盛り上げて深い関係を築きましょう。

感謝する Showing Appreciation

相手との出会いと対話に感謝しましょう。1日の終わりに出会った相手に感謝の気持ちを持つことで次回出会ったときの態度に現れ、より良い関係性が築けます。返報性の法則を理解しペイフォワードの精神を心掛けましょう。

志を語る Storytelling

自分の人生ストーリーを語りましょう。自分の関心や原体験などのプライベートな情報をシェアすること（Self-Disclosure）で一気に距離が縮まります。間接的な比喩や物語を用いることで相手の記憶に残り、魅了することができます。

多様性を受け入れる Embracing Diversity

多様な考えや価値観を受け入れましょう。相手を否定しない、存在を認める、輪から外れている人を仲間に入れるのは世界共通のルールです。相手の文化やタブー、エチケット、暗黙知を認識し、理解することも重要です。

チームを作る Team Building

相性が良い仲間と共に社会貢献度の高い活動を行いましょう。志を持って多様な仲間に出会い、共感できるポイントを洗い出し言語化することができれば、自然とグローバルなチームに囲まれるはずです。

音声のご利用案内

本書の音声はスマートフォン（アプリ）や
パソコンを通じてMP3形式でダウンロードし、
ご利用いただくことができます。

スマートフォン

❶ ジャパンタイムズ出版の音声アプリ
「OTO Navi」をインストール

❷ OTO Navi で本書を検索

❸ OTO Navi で音声をダウンロードし、再生

> 3秒早送り・早戻し、繰り返し再生などの便利機能つき。
> 学習にお役立てください。

パソコン

❶ ブラウザからジャパンタイムズ出版のサイト
「BOOK CLUB」にアクセス

https://bookclub.japantimes.co.jp/book/b647088.html

❷ 「ダウンロード」ボタンをクリック

❸ 音声ダウンロードし、iTunes などに取り込んで再生

※音声は zip ファイルを展開（解凍）してご利用ください。

グローカルマインド

Part 1

自分軸

他者と語るためには、まず自分自身がどういう人間なのか、なぜここにいて、何をしたいのかを自問することから始めましょう。難しくはありません。自分の出身、趣味や家族構成などの基本表現から押さえておけばいいのです。また自分が社交的なのか、内向的なのか、何が得意で苦手なのか、これまでの経験・過去を振り返って自分を語れるようになることが重要です。Part 1 でしっかり自分を定義できるようになると、人と話す自信がつきます。

名前をしっかり伝える

STEP ❶ グローカルマインドをおさえる

世界中どこへ行っても名前のやりとりは避けられません。ここで重要なのは、自分をどう呼んでもらうか。そして、相手をどのように呼ぶべきかということです。日本人同士ではまずファミリーネーム（姓）を伝えますが、英語話者同士では目上の人に対してもファーストネーム（下の名前）で呼び合うことが多いのはご存知でしょう。会社の上司（職場での関係にもよる）などに対しては Mr. や Ms. をつけます。Mr. や Ms. のあとには必ずファミリーネームもしくはフルネームが続きます（Mr. John などのようにファーストネームのみでは使いません）。Mrs. は既婚の女性に対しての敬称ですので、既婚・未婚に限らず使用できる Ms. を使用するのが安全です。

幸樹と呼んでください。

どのように呼んで
もらうかは大事

Just c____ me Koki.

ヒント 「電話する」という意味もある

ところで私は幸樹です。

I'm Koki, b___ the way.

ヒント 話題の転換をする接続表現

私の名字は嶋津です。

My l____ name is Shimazu.

ヒント 「最後の」の形容詞

私は父親にちなんで名付けられました。

名前の由来を
調べてみよう

I was n____ after my father.

ヒント 「名前」の動詞形

ユーモアとは私のことです。

Humor is my m_____ name.

ヒント 直訳は「間」

Just call me Koki.

幸樹と呼んでください。

自分が呼んでもらいたい名前を伝えるときのフランクな表現。just は「ちょうど」という意味ではなくニュアンスを柔らかくする機能があります。go by（〜で通る）を使って I go by Koki.（幸樹という名前で通っています）に言い換えできます。

I'm Koki, by the way.

ところで私は幸樹です。

初対面で会話が弾んでしまい、自分の名前を伝えるタイミングを逃したときの表現です。by the way（ところで）は話題の転換をするときに使う接続表現で、ここでは、しばらく話をした後に、自己紹介の流れに持っていく意図があります。

My last name is Shimazu.

私の名字は嶋津です。

My name is は自分の名前を紹介する最も定番ですが、こちらは名字を紹介するときの表現。I am ____. は自分が何者かを伝えるのに対して My name is ____. は「名前」を強調したいときに用います。last name は family name や surname に言い換え可能！

I was named after my father.

私は父親にちなんで名付けられました。

名前の由来を説明するときの表現です。name は「名前」以外に動詞形で「〜を名付ける」という意味があり、ここでは受動態で「名付けられた」と表現しています。name のような基本英単語のさまざまな語法を確認しておきましょう。

Humor is my middle name.

ユーモアとは私のことです。

自分の性格や特徴を伝える表現です。多くの文化圏において、親から名付けられる名（first name/ given name）と姓（last name / family name）の間に位置するミドルネームですが、ここでのようにその人の特徴的な性質を示して「〜とは私のことです」と表現できます。

距離を縮める
こんなときのこれだけ推しフレーズ

相手の名前を（もう一度）確認したい

What was your name again?

もう一度名前を聞いてもいいですか？

● Could you tell me your name again? はさらに丁寧。

How should I address you?

どうお呼びしましょうか？

● What should I call you? に言い換え可能。

名前のスペルや発音がわからない

How do you spell your name?

お名前はどう綴るんですか？

●聞き馴染みのない名前の場合はスペルを教えてもらうとわかりやすいです。

How do you pronounce your name again?

もう一度名前を発音してもらえますか。

●名前を聞き取れなかったときに使えます。

知って納得の一生モノ知識

名前を聞くにもタイミングが重要！ 出会ってすぐに「お名前はなんですか」と聞くのはあまりに唐突で相手を驚かせてしまいます。まず自分の名前を名乗ってみましょう。自分の名前を最初に出すことで相手も教えやすい空気が作れます。自分が先に名乗るとしても、実際には、少し話を交わした後の方が自然でしょう。ちなみに、英語圏の名前には、本名に加えて短縮形やニックネームが存在します。日本人に馴染みがないのが短縮形です。例えば Edward の短縮形が Ed、Samuel が Sam、Michael が Mike といった具合です。ややこしいのが Stephen で、発音は「スティーブン」、短縮形は Steve（スティーブ）です。

Part 1 自分軸　　25

🎧 Track 2
生まれ・育ちを伝える

STEP ❶ グローカルマインドをおさえる

名前の次に重要なアイデンティティは、自分がどこで生まれ育ったかということです。生まれ育った環境は文化的・言語的に大きな影響を与え、人格形成の要因となります。その地域の特徴（名産物や名所、何が有名なのかなど）や自分がどのような影響を受けたのかなどを深く分析してみましょう。生まれや出身の伝え方を間違えると、人によっては態度を一変させたり、付き合い方を変えてきたりすることがあるため、自分の生まれに誇りを持ち、英語で伝えられるようにしておきましょう。

STEP ❷ グローカル英語のキホン

私は田舎出身です。

I'm f____ the countryside.

ヒント ある場所の起点を表す前置詞

日本の大阪で育ちました。　　　自動詞と他動詞を意識

I g____ up in Osaka, Japan.

ヒント grow の過去形

東京で生まれ育ちました。　　　セットで覚える頻出表現

I was b____ and raised in Tokyo.

ヒント be ＋過去分詞

そこが生まれた場所です。

That's w____ I was born.

ヒント 場所を表す疑問詞

元々の生まれは山梨です。

I'm o____ from Yamanashi.

ヒント 「元々」という副詞

I'm from the countryside.

私は田舎出身です。

My hometown is in the countryside. とは言わず、from the countryside のフレーズで覚えましょう。非制限用法の which を用いて ..., which is in the middle of nowhere と続けると「何もないところから来た」という意味になり笑いを誘うこともできます。

I grew up in Osaka, Japan.

日本の大阪で育ちました。

自分が育った場所を伝える表現です。「(動植物が) 育つ、成長する」という意味の grow の語源は「緑」と関係があり、green（緑）や grass（草）と同語源です。ここでは grow の過去形である grew を用いています。I was brought up in Osaka. や I was raised in Osaka. に言い換え可能！

I was born and raised in Tokyo.

東京で生まれ育ちました。

be born in A で「A に生まれる」。raise は「〜を育てる」という他動詞。ここでは過去分詞形で「育てられた」という意味で使われています。他動詞の raise を用いずに自動詞の grow の過去形を用いた I grew up in Tokyo. に言い換え可能！

That's where I was born.

そこが生まれた場所です。

関係副詞 where を用いて生まれた場所を強調する表現です。That's what I wanted.（それが私が欲しかったものです）や That's why you look so young!（だからあなたは若く見えるんですね！）などの関係詞を使った表現も覚えておきたいです。

I'm originally from Yamanashi.

元々の生まれは山梨です。

副詞形の originally を使うときは生まれ育った場所と今住んでいる場所が異なる場合に使います。このあとには But I live in Tokyo now. などが続きます。

距離を縮める
こんなときのこれだけ推しフレーズ

相手のアテンションをつかむ

I was born under a lucky star.

幸運な星の下に生まれました。

● 「自分はとても幸運だ」と伝えるときの表現です。

I was born to be a champion.

チャンピオンになるべくして生まれました。

● もし使うならドヤ顔で言ってみましょう。

I wasn't born yesterday.

私は世間知らずではないです（そんなこと知ってるよ）。

● 英語で「昨日生まれてきた」は世間知らずを意味します。強い言葉なのでビジネスではNG。

I wasn't born into a rich family.

私は裕福な家庭に生まれたのではありません。

● 深刻な面持ちで言ってしまうとドン引きされてしまうので要注意。

知って納得の一生モノ知識

生い立ちを伝えるのは相手を見てから！ 英語で「都道府県」は prefecture、アメリカでは「州」を state、イギリスでは「郡」を county、中国の「省」は province と呼びます。また東北出身の場合は I am from Tohoku. でも通じますが、冠詞の the をつけて I am from the Tohoku area/region. のほうがより正確です。注意しなければならないのが、社会階級の名残がある地域では、出身地やアクセントによって相手の態度が変わるケースがあるため、「必ず出身や生い立ちを伝えなくてはならないわけではない」ということも覚えておいてください。

3

🎧 **Track 3**

居住地について話す

STEP ❶ グローカルマインドをおさえる

自分の居住地を紹介する際には住んでいる家、街の様子を伝えるのが望ましいですが、プライベートな情報なので、伝える必要がある場合に限られます。また住所を表記するときには日本とは逆で部屋番号・番地・市町村・都道府県と小さい順に書き、最後に国名のJAPANも大文字で書くのが基本です。そして自分の住んでいる地域の周辺環境やその土地の歴史について調べ、そこに住んでいる理由や住むようになったきっかけなども表現できるようにしておくと良いでしょう。

STEP ❷ グローカル英語のキホン

一人暮らしをしています。

I live by m_____.

ヒント 直訳は「自分自身」

実家暮らしです。

I live w_____ my parents.

ヒント 「一緒に」を意味する前置詞

ワンルームマンションに住んでいます。

> mansionは「大豪邸」のこと!

I live in a studio a_____.

ヒント studioは「ワンルーム」の意味

ロンドンを拠点としています。

I'm b_____ in London.

ヒント 「ベースにしている」ということ

実家は東京にあります。

My parents' house is i___ Tokyo.

ヒント 直訳すると東京の「中に」実家がある

I live by myself.

一人暮らしをしています。

by oneself で「自分自身で」という意味になり、myself 以外にも主語に合わせて himself（彼自身）、herself（彼女自身）、ourselves（私達自身）、themselves（彼ら自身）などと変わります。より孤独感が伝わる I live alone. に言い換えできます。

I live with my parents.

実家暮らしです。

「実家暮らし」ということは parents（両親）と住んでいると解釈できます。I live with my grandparents.（祖父母と暮らしています）や I live with my partner.（パートナーと同棲しています）、I live with my girlfriend.（彼女と同棲しています）などに応用可能！

I live in a studio apartment.

ワンルームマンションに住んでいます。

英語で mansion は「大豪邸」となるため「賃貸マンション」を意味する apartment が適訳。間取りの表現も日英ではまったく異なります。「分譲マンション」は condominium の略称である condo と呼ばれ、「大学寮」は dormitory の略称である dorm と呼ばれます。

I'm based in London.

ロンドンを拠点としています。

be based in A で「Aを拠点とする」という意味。世界中を飛び回っているような人には Where are you based? と聞けば「普段はどこにいるの?」というニュアンスになります。

My parents' house is in Tokyo.

実家は東京にあります。

my parents' house を直訳すると「両親の家」ですが、「実家」が適訳です。ここでは be in A（A にある）は場所を表す最もシンプルな表現で、より形式的な be located in に言い換えることも可能です。locate は「位置付ける」、ここでは受動態の形で表現しています。

こんなときのこれだけ推しフレーズ

相手の出身や拠点地について尋ねたい

Where in Tokyo are you living now?

東京のどこらへんに住んでいますか？

●場所をより具体的に聞く質問。

Where do you come from?

どちら出身ですか？

●相手の出身を聞く無難な表現。

Where are you from originally?

元々はどこの出身ですか？

●相手の生い立ちを詳しく聞きたいときに使える表現。

Where do you consider "home"?

あなたにとって「ホーム」とはどこですか？

● consider は「深く考える」の意味。

知って納得の一生モノ知識

階段にはストーリーがある！ 中世ヨーロッパの多くの建物の各階の窓には、さまざまな歴史物語が描かれていました。これは当時の人々の識字率が低かったため、絵で歴史を伝える必要があったからと言われています。今でも階層を表す語として story が使用されているのはそのためです。2 階建ての家に住んでいる場合は I live in a two-story house. となります。イギリス英語ではスペルが storey と表記されます。建物の特定の階を表すときには floor が使われ、アメリカ英語では 1 階、2 階は序数を用いて first floor、second floor と表すのが基本ですが、イギリス英語では 1 階が ground floor となり、2 階から first floor が続きます。

🎧 Track 4
趣味を伝える

STEP ❶ グローカルマインドをおさえる

「趣味は何ですか?」と聞かれて、即答できる日本人は意外と少ない です。日本語で話せないことは英語でも話せません。自分自身のこ とをしっかりと伝えて相手と共通の趣味が見つかると、一気に距離 が縮まります。プロジェクトやビジネスなどで協働する相性の良い 仲間を探す上で、自分が没頭できることが何かを知っておくことは 重要です。出身、家柄などが違っても、好きなことや趣味が合致す ると近い関係性が生まれます。ここでは自分の好きなことや趣味を 伝える基本的な表現を見ていきましょう。

趣味はゴルフをすることです。

I like golfing in my f____ t____.

ヒント 趣味の時間

Kポップ音楽に夢中です。

> 自分が夢中になっている
> ことを伝える

I'm c_____ about K-pop.

ヒント 「狂っている」を意味する形容詞

ネットフリックスに中毒的にハマっています。

I'm a_____ t__ Netflix.

ヒント 過去分詞形と前置詞から成る受動態

TVゲームにハマっています。

I'm i____ video games.

ヒント 中に入っていくイメージの前置詞

UKロックが大好きなんです。

I'm a b___ f___ of British rock.

ヒント 「大きい」「ファン」

I like golfing in my free time.

趣味はゴルフをすることです。

I like to play golf. や I like playing golf. などの表現もできますが、短く I like golfing. というのが簡潔でありカジュアルな表現となります。「趣味」は in my free time（時間のあるとき）と同義のため、My hobbies are... と言うよりこなれた表現になります。

I'm crazy about K-pop.

K ポップ音楽に夢中です。

crazy は「頭のおかしい」という形容詞ですが、前置詞の about をつけると「〜に夢中である」という意味になります。よりカジュアルな表現である be hooked on はやみつきになっているものを表現するときに使います。

I'm addicted to Netflix.

ネットフリックスに中毒的にハマっています。

I can't help 〜 ing も同様にあることがやめられないときに使いますが、より長期的な中毒性があるのは addiction（中毒）となります。I'm obsessed with A（A に熱中してる）に言い換え可能。

I'm into video games.

TVゲームにハマっています。

「何かにハマっている」状態をカジュアルに表現するには単に前置詞の into を用いて I am into dance.（ダンスにハマっている）と言うことができます。

I'm a big fan of British rock.

UKロックが大好きなんです。

熱狂的にハマっている物や人を伝える表現です。「熱狂的な支持者」を意味する fan は fanatic（狂信者）の短縮形です。

距離を縮める
こんなときのこれだけ推しフレーズ

頻度や回数を尋ねたいとき

How often do you go abroad?

どれくらいの頻度で海外に行きますか？

● go abroad で「海外に行く」。

How often do you cook at home?

どのくらいの頻度で自宅で料理をしますか？

● cook at home は「自炊する」。

How often do you go to the movies?

どのくらいの頻度で映画館に行きますか？

● 正式には「映画館」はアメリカ英語で movie theater、イギリス英語で cinema。

How often do you take vacations?

どのくらいの頻度で長期休暇をとりますか？

● 1 日だけ休むときは take a day off、イギリス英語で「長期休暇」は holiday と言います。

知って納得の一生モノ知識

趣味を伝える表現は一つじゃない！ 趣味を伝えるときに My hobbies are _____. と言ってしまいがちですが、hobby は「本格的な趣味」というニュアンスがあります。一般的な趣味を伝えるときは I like _____. を用いるのが自然です。また自分の好きではないことを表現するときに I don't like it. や I hate it. などはっきりと述べてしまうことが多々ありますが、相手が好きなことに対して真っ向から反対意見を言うと険悪なムードになってしまうので、fan を用いて I'm not a big fan of A.（A はあまり好きじゃない）と言ったり、It's not my thing.（あんまり気乗りしない）と柔らかい表現に変えたりすると良いでしょう。

🎧 Track 5
家族のことを伝える

STEP ❶ グローカルマインドをおさえる

家族の情報は自己紹介と同じくらい重要です。家族の特徴や自分との
関係性などを簡潔にわかりやすく伝えることで相手との関係が縮まりま
す。家族の話題で盛り上がったときには家族構成や両親の出身、兄弟・
姉妹の趣味、職業くらいを伝えられればいいでしょう。例えば父親が
公務員をしているのであれば、公務員は英語でどう表現するのかを事
前に調べておく必要があります。また家族構成といっても、教科書にあ
るような There are five members in my family. といった堅苦しい表現
を使ったり、尋ねられてもいないのに紹介すると、違和感が生まれてし
まいます。ここでは家族についてのシンプルな英語表現を紹介します。

STEP ❷ グローカル英語のキホン

我が家は大家族です。

I have a l_____ f_____.

ヒント big に言い換えも可能

子どもが2人います。

I h_____ two k_____.

ヒント children に言い換え可能

私は一人っ子です。 | 表現できない人が多いです

I am an o_____ c_____.

ヒント「唯一の子ども」ということ

兄弟姉妹はいません。

I don't have any s_____.

ヒント brothers and sisters の総称

私は長男／長女です（きょうだいの中で一番上です）。

I'm the e_____ of my siblings.

ヒント elder の最上級

I have a large family.

我が家は大家族です。

大家族であることを伝える表現です。対照的に小規模の家族の場合には I have a small family. と伝えましょう。immediate family（近親）、extended family（大家族）、nuclear family（核家族）なども覚えておきましょう。

I have two kids.

子どもが2人います。

「子ども」を意味する kids は children よりもカジュアルな表現で、より形式的な表現としては I have two children. となります。infant（乳児）、toddler（幼児）、tween（9～12歳）、teenager（13～19歳）もまとめて覚えておきましょう。children は子どもたちが成人しても使えます。

I am an only child.

私は一人っ子です。

兄弟・姉妹がいないことを伝える表現です。一人っ子は only child となります。日本人英語学習者は only children と言いがちなので注意しましょう。

I don't have any siblings.

兄弟姉妹はいません。

siblings は男女を問わない兄弟・姉妹のことを指します。また日本語で3人兄弟／姉妹というと自分も含めた数を表すことになりますが、英語では自分のことは含めず、自分以外の兄弟姉妹の数を表すことになります。この文章は I don't have any brothers or sisters. に言い換え可能！

I'm the eldest of my siblings.

私は長男／長女です。

兄弟・姉妹の中で最も年上であることを伝える表現です。最上級の the + est を用いて the eldest と最も歳上であることを表しています（2人兄弟／姉妹であれば the elder）。末っ子である場合は the youngest を用いて表現可能！

距離を縮める

こんなときのこれだけ推しフレーズ

家族やペットについて伝えるとき

I have a dog.

私は犬を飼っています。

● 「飼っている」は have で表しますが keep に言い換え可能。

I have two cousins.

私には従兄弟が2人います。

● on my father's side を加えると「父方の従兄弟」という意味になる。

I have a 5-year-old nephew.

私には5歳の甥がいます。

● 年齢について修飾する際はハイフンで続けます。

I have supportive parents.

私には協力的な両親がいます。

● supportive には親身になって応援してくれるニュアンスがある。

知って納得の一生モノ知識

家族の概念はさまざま! 家族のあり方は時代とともに変化しています。文化、地域、宗教などによって家族の概念は異なり、両親が事実婚であったり、育ての親と生みの親が異なったりする場合や、10人近く兄弟・姉妹がいるケースもあります。「親」の定義も世界では広いです。血縁関係がある生みの親（biological parents）、養子縁組によって引き取られた場合の育ての親（adoptive parents）、養親（foster parents）などさまざまです。また、母や父親の異なる兄弟（姉妹）の場合は half sibling / half brother / half sister という表現を使います。これらの多様性を受け入れる姿勢を持ち、家族の話題を扱うようにしましょう。

一覧で覚える
Family
Tree

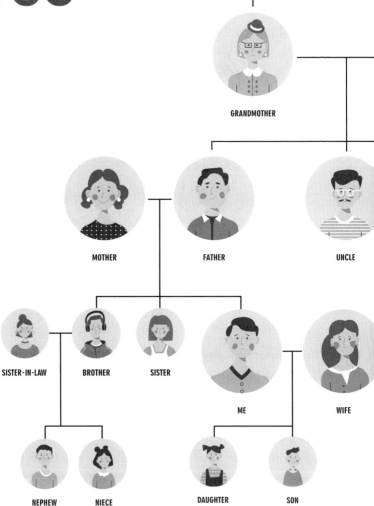

GREAT-GRANDMOTHER

GREAT-GRANDFATHER

GRANDMOTHER

MOTHER

FATHER

UNCLE

SISTER-IN-LAW

BROTHER

SISTER

ME

WIFE

NEPHEW

NIECE

DAUGHTER

SON

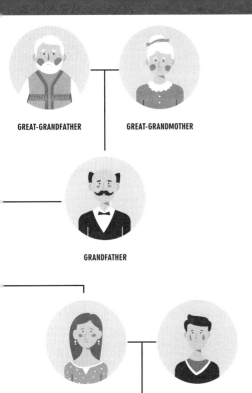

GREAT-GRANDFATHER

GREAT-GRANDMOTHER

GRANDFATHER

AUNT

UNCLE

COUSIN'S WIFE

COUSIN

COUSIN

自分の家族構成や先祖代々から伝わる家族の歴史をあらためて確認しておきましょう。自分の名字にどのような起源があるのか、どの地で生まれた名前なのかなどを知っておくと、日本の歴史とともに自分の名前や家族について語ることができます。また、自分の話だけではなく、家族（family）や親戚（relatives）、パートナー（partner）や配偶者（spouse）についても紹介できるようにしておくと良いでしょう。

6 🎧 Track 6
年齢を伝える

STEP ❶ グローカルマインドをおさえる

日本だけでなく世界でも年齢というのはセンシティブな話題であり、初対面で年齢を聞くことは失礼にあたる場合がほとんどです。年齢を伝えるときにはI am 30 years old.、またはよりカジュアルなI'm 30. と表現できます。年齢を尋ねる必要があるときにはHow old are you? ではなく「許可」を意味する助動詞の may を用いてより丁寧に May I ask your age?（年齢を伺ってもよろしいですか？）と表現しましょう。日本人は若く見られることが多く驚かれることが多々あります。ここでは年齢に関するさまざまな英語フレーズを学んでいきましょう。

先月30歳になりました。

I t_____ 30 last month.

ヒント 「回転する」という動詞

20代の頃はもっとギラギラしてました。 | 「○代の頃は〜」は定番

I was more adventurous i___ my 20s.

ヒント 「中に」を意味する前置詞

それは私が10歳くらいの頃でした。

That was when I was a_____ 10.

ヒント 「約」を表す前置詞

私たちは同い年です。

We are the same a____.

ヒント 「長い期間」という意味もある

年齢はただの数字ですよね。 | たまにはユーモアも大切

A_____ is just a n_____.

ヒント 年齢を答えたくないときの表現

STEP ❸ 英語を確認してみよう

I turned 30 last month.

先月 30 歳になりました。

turn は「徐々に変化する」という動詞で、turn yellowのように葉っぱの色が変わるときにも使えます。I am 30 years old. は定番表現ですが、turn を用いるときは years old を省略した方が自然です。

I was more adventurous in my 20s.

20代の頃はもっとギラギラしてました。

in one's ...s は「〜代の頃は」という意味で in one's late 20s（20 代後半）や in one's early 30s（30 代前半）のように応用できます。when I was young（私が若いとき）や when I was a child/kid（私が子どものとき）などに言い換え可能！

That was when I was around 10.

それは私が 10 歳くらいの頃でした。

具体的な過去の年齢について聞かれたときに使う表現です。丸い時計の上に円を描くようなイメージがある前置詞の around は「およそ〜」という意味があります。より汎用性の高い about や高度な approximately も覚えておきましょう。

We are the same age.

私たちは同い年です。

同じ年齢のときには You are the same age as me. と言ってしまいがちですが、上記の表現が定番です。生まれた年が同じだと判明した後には、What month?（何月生まれ？）や Oh yeah? When is your birthday?（あら、誕生日はいつ？）と質問を続けて盛り上がりましょう。

Age is just a number.

年齢はただの数字ですよね。

もし年齢を聞かれて答えたくない場合はAge is just a number. もしくは I'm young at heart. と言ってみると笑いを取れるかもしれません。aging gracefully（優雅に年齢を重ねている）という表現も覚えておきましょう。

46　Part 1　自分軸

距離を縮める
こんなときのこれだけ推しフレーズ

特別な日や記念日を尋ねたいとき

When is your birthday?

誕生日はいつですか？

●日にちについて尋ねたいときはWhen is...?が一番シンプルです。

When is your wedding anniversary?

結婚記念日はいつですか？

●相手の家族の話題で盛り上がっている場合の質問です。

When do you graduate?

卒業の日はいつですか？

● When are you graduating? のほうがよりカジュアル。

When is Easter this year?

今年のイースター（復活祭）はいつですか？

●「春分の日」（キリスト教では3月21日）以降の満月の日の次の日曜日がイースター。

知って納得の一生モノ知識

アダルトは危険！ 相手に対して「お若く見えますね」と言いたいときに You look young. と表現することはできますが、反対に「大人っぽく見える」と表現するときに You look adult. は**不適切**です。そんなときには、外見だけでなく、色んな経験を積んで大人の世界観があり、大人っぽい考え方をする人を修飾するときにも使える mature が適訳でしょう（You seem mature. など）。mature は人間や生物の成長や発達を描写するだけでなく、果物にも使われることがあり、Great talents mature late.（大器晩成）ということわざもあります。より高度な表現で mellow という英単語があり、「（人として）成熟した」「落ちついた」のような意味合いです。

⑦ Track 7
仕事・職業について話す

STEP ❶ グローカルマインドをおさえる

簡潔に自分の仕事内容を表現できない方が多いです。まず日本語で
簡潔に説明できるようにしておきましょう。自分の仕事に誇りを持っ
て語ることができないと恥ずかしい思いをしてしまいます。英語に
walk of life という言葉があります。直訳すると「人生の歩み」ですが、
世の中のあらゆる職業や地位を指します。会社名や肩書きだけでなく、
自分がどのような仕事をしているのか、なぜその仕事に就き、歩んで
きたのかを英語で表現できるようにしましょう。

STEP ❷ グローカル英語のキホン

私はソニーで働いています。

I work f_____ Sony.

ヒント 「～のために」という前置詞

私は高校の英語の先生です。

I t_____ English at a h_____ s_____.

ヒント at のあとには「場所」

母は会社を経営しています。

My mother r_____ a company.

ヒント 「走る」という意味の動詞

私の仕事は出張が多いです。

My job i_____ a lot of travel.

ヒント 「～を含む」という動詞

事業開発の担当です。

I am in c_____ of business development.

ヒント 「経費」「請求」「充電」という意味も

I work for Sony.

私はソニーで働いています。

前置詞の for は「〜のため」というニュアンスがありますが、所属する会社を表現するときによく使います。「〜として」という意味のある前置詞の as を用いて as an accountant（会計士として）など付け加えても良いでしょう。

I teach English at a high school.

私は高校の英語の先生です。

I am an English teacher. は具体的な職業を聞かれたときに使いますが、仕事を聞かれた場合は上記のように「どこで」「何をしているのか」を答えるのが良いでしょう。同様に I am a professor at a university. よりも I teach at a university. の方が自然です。

My mother runs a company.

母は会社を経営しています。

run は傾斜面でボールが転がり軌道に乗って走り続けているようなイメージがあり、自動詞では「スピード感を持って前方に動くときや液体が流れ続けているとき」に使われます。他動詞では「何かに影響を与えて動かし続けるとき」に使われ、「〜を経営する」という意味もあります。

My job involves a lot of travel.

私の仕事は出張が多いです。

自分の仕事について描写する表現です。involve の語源は in（中に）＋ volve（回る）で螺旋状にぐるぐる回転して周囲のものを取り囲んでいくイメージがあり、自分に関わる周りの状況や環境を描写するときに使います。

I am in charge of business development

事業開発の担当です。

自分の担当する職業内容を伝える表現です。charge には「責任、義務、任務」という意味があり、be in charge of A は「A を担当している」となります。「A に責任がある」という意味の be responsible for A に言い換え可能！

距離を縮める
こんなときのこれだけ推しフレーズ

相手の仕事に関して尋ねるとき

What is his job title?

組織での彼のポジション（肩書き）は？

●役職について詳しく聞きたいときの表現です。

What is your occupation?

ご職業は何ですか？

●職業には job 以外に occupation、（医師や弁護士などの）profession があります。

What do you do for a living?

ご職業は何ですか？

● for a living をつけることで職業について聞いていることが明確になります。

What do you do at your company?

会社での役割は何ですか？

●職種について詳しく聞きたいときの表現です。

知って納得の一生モノ知識

一緒にパンを食べるのが会社！ company（会社）の語源は com（共に）＋ pany（パン）、つまり共にパンを食べる仲間や集団のことです。そのため「会社」という意味以外にも「仲間」や「同伴」という意味があり、accompany（付き添う）や companion（親密な仲間）なども同語源です。英語表記の会社名でよく見かける「Co.」は company の略称で、Limited Company は有限責任の会社のこと。その他にも Corporation の略称「Corp.」も「会社」を意味する表現としてアメリカで使われます。アメリカ英語で corporation と言うと規模が大きい会社を指し、イギリス英語では「都市自治体」という意味でも使われます。

8 性格や特徴を伝える

STEP ❶ グローカルマインドをおさえる

自己紹介で自分の性格や特徴を描写することはとても難しく、適切な表現をしないとドン引きされてしまうこともあります。日本人英語学習者は自己紹介で I am shy. と言うことが多いのですが、この表現には「私は消極的な人間なのであまり話しかけないでほしい」というニュアンスがあります。I am shy. の代わりに I am an introvert.（内向的なんです）を使うようにしましょう。また、日本人特有の血液型の話は避けたほうがよいでしょう。ここでは初対面で自分の性格や特徴を伝える際に使える自然な英語表現を紹介します。

STEP ❷ グローカル英語のキホン

私は夜型人間です。

朝型、夜型は言えるように

I'm a night o___.

ヒント 直訳すると「夜のフクロウ」

私は読書家です。

I'm a b_____.

ヒント 日本語でも「本の虫」と言いますね

私は人付き合いが得意です。

I'm a s_____ person.

ヒント 語源は「交わることができる」

私は癖毛です。

I have w_____ hair.

ヒント 直訳すると「波打った髪の毛」

私はアウトドア派です。

I'm an outdoorsy p_____.

ヒント 「~派」は「人」と同じ意味の単語

STEP ❸ 英語を確認してみよう

I'm a night owl.

私は夜型人間です。

直訳すると「夜のフクロウ」となる night owl は「夜ふかしをする人」を表すのに使われ、night person に言い換え可能！対照的に「朝型の人」「早起きの人」は early bird または morning person と言います。

I'm a bookworm.

私は読書家です。

本が大好きであることを伝える口語表現です。直訳すると「本を食べて穴を開ける虫」という意味になり、本の中を這い回って食べ続ける虫の姿が由来とされています。

I'm a sociable person.

私は人付き合いが得意です。

sociable は society「社会」の形容詞形で soci（交わる）+ able（可能）という語源から「社交的な」という意味になります。I'm a people person.（社交的なタイプです）に言い換え可能。大人数のコミュニケーションが好きではないときに使える表現です。

I have wavy hair.

私は癖毛です。

人の外見を描写する発言は NG ですが、髪型や服装など本人の意思ですぐに変えることができる外見は描写しても OK です。wavy は「癖のある」という意味で反対は straight hair（まっすぐな髪）です。ウェーブヘアは和製英語なので注意しましょう。

I'm an outdoorsy person.

私はアウトドア派です。

I'm a A person で「自分は A 派の人間である」という意味になり、動物の好みも person を使うことができ、I'm a dog person. は「イヌ好き」、I'm a cat person. は「猫好き」となります。outdoorsy は「戸外活動を好む」という意味で、「室内派」は indoor person と表現可能！

距離を縮める
こんなときのこれだけ推しフレーズ

「〜派」のあれこれを言いたいとき

Are you a dog person or a cat person?

犬派ですか、猫派ですか？

●相手との相性を確かめるときに使えます。

Are you a coffee person or a tea person?

コーヒー派ですか、紅茶派ですか？

●飲み物や食べ物にも使えます。

I prefer coffee to tea.

紅茶よりコーヒーが好きです。

● prefer A to B は「B より A が好き」の意味。

I'm more of a dog person.

どちらかというと犬派です。

●明確ではないけれど、「どちらかと言えば」というニュアンス。

知って納得の一生モノ知識

ネガティブ表現から脱出！ 多様性が重んじられる現代において外見に関する描写は避けるのが基本です。日本人英語学習者が I have a round face.（私は顔が丸いです）や I have small eyes.（目が小さいです）と言うのは海外では違和感を与えます。また、西洋人に対して「目が青い」や「鼻が大きい」という表現は決して口に出してはいけません。性格についても I get bored easily.（飽きっぽいんです）や I am forgetful.（物忘れが多いんです）など、ネガティブな特徴について描写してしまいがちですが、あまりいい印象を与えないので、なるべくポジティブな表現をしていきましょう。「英語が得意ではありません」も特に言葉にして伝える必要はありません。

🎧 Track 9
気持ちや考えを伝える

STEP ❶ グローカルマインドをおさえる

自分の感情を分析して正確に理解し、相手にはっきりと気持ちを伝えることは、明示的なコミュニケーションが求められる国際社会では重要です。日本では気持ちを明言せずとも相手が気持ちを読み取ってくれる文化があり、暗黙の了解が自然と機能していますが、世界に出るとはっきり気持ちを伝えないと誤解を招いてしまうことになります。そこでお勧めしたいのが自分の感情を言語化するのに有効な心理ツールであるEmotion Wheel（感情の輪、pp.60-61参照）です。これまでの自分の人生を振り返り、どのような場面で感情の起伏が生じるのかを自己分析をする際に役立ちます。

STEP ❷ グローカル英語のキホン

私はあなたの気持ちがわかります。

同情の定番表現

I f_____ you.

ヒント 直訳は「私はあなたを感じる」ということ

自分のことのように嬉しいです。

I'm h_____ for you.

ヒント 「幸せな」を表す形容詞

私は少し落ち込んでいます。

自分の気持ちに正直に

I'm feeling a bit d_____.

ヒント 「落ちている」を表す形容詞

とっても幸せです。

I'm b_____ with happiness.

ヒント 「はじける、破裂する」を表す動詞

私は場違いな気がしています。

I feel like a f_____ out of water.

ヒント 「水を得た魚」の逆バージョン

STEP ❸ 英語を確認してみよう

I feel you.

私はあなたの気持ちがわかります。

相手と同じ気持ちであることを伝える同情の表現です。totally をつけて I totally feel you. にしたり、前置詞の for をつけて I feel for you. としたりするとさらに感情を込めた表現となります。

I'm happy for you.

自分のことのように嬉しいです。

相手の喜びに共感する表現です。日本語ではこのような愛情が込もった表現はオブラートに包むことがありますが、上記のようなダイレクトな表現が好まれます。Congratulations! に言い換え可能！

I'm feeling a bit down.

私は少し落ち込んでいます。

「少し」を意味する a bit は口語表現で頻出です。feeling down は、何か嫌なことがあったときに使う disappointed や、より深刻な落ち込み具合を表す depressed、失恋したときに使う broken-hearted に言い換え可能！

I'm bursting with happiness.

とっても幸せです。

burst は「はじける、爆発する、破裂する」という動詞で、食べ過ぎたときに My stomach is bursting.（お腹がはち切れそうだ）などとも使います。この動詞はさまざまな表現パターンが可能ですが、上記のように burst with... で「〜であふれる」という感情表現として応用可能！

I feel like a fish out of water.

私は場違いな気がしています。

feel like の後に名詞が続くと「〜みたいな気分である」となり、実際にはそうなったわけではない仮定の話をするときに使える表現となります。a fish out of water は直訳すると「水から出た魚」で、ここでは「場違いな（人）」という意味になります。

距離を縮める
こんなときのこれだけ推しフレーズ

「〜な気分」「〜な感じ」を伝えたいとき

I feel like crying.

泣きたい気分です。

● feel like ...ing は「〜したい気分である」。

I feel like I'm missing something.

（私が）話を理解できていないみたい（もう少し詳しく教えて）。

● I feel a bit lost. という表現もあります。相手の話についていけないときに使います。

気分がよくないとき

My head feels as if it's going to burst.

頭がまるで破裂しそうな感じです。

● as if は「まるで〜のように」という意味。

I'm feeling a little under the weather.

あまり本調子ではありません。

● under the weather という表現は船酔いが由来と言われています。

知って納得の一生モノ知識

feelingとemotionの違いは？　自分を深く理解するためには自分の感情や五感について常に意識することが重要です。またそれに伴う英語表現も押さえておく必要があります。feelは「触って感じる/心で感じる」という身体的・精神的感覚を表す基本動詞です。日本語でも「フィーリングが合う」という言葉があるように、「感受性」を意味する主観的な表現です。いっぽう類義語のemotionはe（外に）＋ mot（動く）という語源から明らかなように気持ちが外に放たれるようなイメージがあり、喜怒哀楽などの一般的な感情を意味する客観的な表現です。

Emotion Wheel
一覧で覚える感情表現

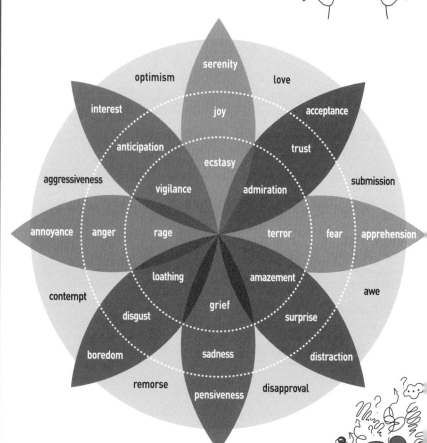

serenity
optimism
love
interest
acceptance
joy
anticipation
trust
ecstasy
aggressiveness
vigilance
admiration
submission
annoyance
anger
rage
terror
fear
apprehension
loathing
amazement
awe
contempt
grief
disgust
surprise
boredom
sadness
distraction
remorse
pensiveness
disapproval

感情の輪の中央に向かうほど強い感情を表している

コミュニケーションの第一歩は自分の心を深く理解すること

人間は言葉にできない感情とともに生きています。特に自分のコンフォートゾーンから外れたときや新しい体験をするとき、新しい出会いの場面などでは、普段とは違う感情が動き出します。自分の感情がいつもと違う動きをしているときは自己認識（self-awareness）を高めるための絶好のチャンスです。

　心理学者のロバート・プルチック（Robert Plutchik）は、sadness（悲しみ）、disgust（嫌悪）、anger（怒り）、anticipation（期待）、joy（喜び）、trust（信頼）、fear（恐れ）、surprise（驚き）の 8 つの主要な感情から構成される「感情の輪（Emotion Wheel）」というあらゆる感情の関係性を視覚的に表現したフレームワークを提唱しました。近接する感情ほど類似性が高く、対極にある感情ほど対立します。

　このフレームワークを用いることで新しい自分の感情に出会うことができます。まずは感情の輪（Emotion Wheel）の言葉を見て、その言葉にフィットする自分の過去の経験を思い出してみましょう。ある出来事の場面や状況をストーリーテリング形式で思い出してみると、その時の感情が蘇ってきます。

　また感情の輪（Emotion Wheel）は他者とのコミュニケーションの手助けにもなります。相手に自分の感情を伝えられないとき、1 つの言葉に隣接する感情の言葉を繋げることによって新しい感情が生まれます。そして相手の感情を分析する際にもこのフレームワークが役に立つこともあります。

　グローバルコミュニケーションでは常に感情が揺さぶられ新しい感情が生まれます。自分の感情を客観視して、自分がどのような人間であり、どのような時に喜怒哀楽を感じるのか、どのような相手とのコミュニケーションに心地よさを感じるかを分析するようにしましょう。自分の感情、相手の感情を理解し、受け入れることがグローバルコミュニケーションの第一歩です。

🎧 Track 10
教育・学校の情報を伝える

STEP ❶ グローカルマインドをおさえる

海外の人々と自分が受けてきた教育や卒業した学校などを語り合うと、教育制度の違いに驚くことがあります。日本での大学入学平均年齢は18歳ですが、例えばスウェーデンでは25歳です。また OECD 加盟の先進国のリカレント教育に関する調査でも諸外国と比較して日本は大学卒業後に学び直す人口率が圧倒的に低い現状があります。国によって、成人してからの学びに対する姿勢も異なり、日本人として学ぶことが多くあります。ここでは自分の通っている学校や卒業した大学などを表す表現を学んでいきましょう。

STEP ❷ グローカル英語のキホン

東京高校に通っています。

I g_____ t_____ Tokyo High School.

ヒント 「～に通っている」は「行く」ということ

1

大学の2年生です。

I am in my s_____ y____ at university.

ヒント 直訳すると「2番目の年」

2

ロンドン大学を卒業しました。　　　　　「～大出身」はこの表現

I g_____ from London University.

ヒント fromがなくても意味が通じるが正しくはない

3

オックスフォード大学で教育を受けました。

I w____ e_____ at Oxford.

ヒント be＋過去分詞が入る

4

私はケンブリッジ大学で文学を専攻しました。

I r_____ literature at Cambridge.

ヒント イギリス英語では「～を読む」が「～を専攻している」という意味に

5

STEP ❸ 英語を確認してみよう

I go to Tokyo High School.

東京高校に行っています。

go to は「定常的に通う」という意味があり、通っている学校を紹介する際に使います。go を過去形の went に置き換えると「過去に通っていた」という意味になります。go to を他動詞の attend（〜に出席する）に言い換え可能！

I am in my second year at university.

大学の2年生です。

学年を伝える表現です。in one's ＋序数＋year は大学の学年を表します。最終学年の場合は final year を用いて表現します。

I graduated from London University.

ロンドン大学を卒業しました。

graduate は「卒業する」という動詞ですが、名詞として I am a graduate of London University.（ロンドン大学の卒業生です）という使い方もできます。また「卒業生」はラテン語由来の alumni を使うのが一般的で卒業生が男性の場合は alumnus、女性の場合は alumna となります。

I was educated at Oxford.

オックスフォード大学で教育を受けました。

「学校などの専門機関で教える」という意味の educate を過去分詞形にして受動態で表現した英文です。educated を trained に置き換えると、特定の技術などを「養成された」という意味になります。よりフォーマルな表現である I received my education at Oxford. に言い換え可能！

I read literature at Cambridge.

私はケンブリッジ大学で文学を専攻しました。

イギリス特有で「読む」の read が「専攻する」という意味になり、ここでは red と同じ発音方法である read の過去形を用いた表現です。「〜を専攻する」はアメリカで major in、イギリスで specialize in を使うと言われていますが、国に関係なくどちらも等しく耳にします。

距離を縮める
こんなときのこれだけ推しフレーズ

「何を」「どこで」勉強していたか聞きたいとき

What did you major in?

何を専攻していましたか？

●相手の興味を深く知りたいときの表現。

Which university do you go to?

どの大学に通ってますか？

● Where do you study? に言い換え可能！

自分のことをさらに伝えたいとき

I studied in the US.

アメリカに留学していました。

My major is liberal arts, too.

僕もリベラルアーツ専攻です。

●リベラルアーツは専門をまたいで幅広く学ぶ学問のこと。

知って納得の一生モノ知識

sophomore は大学○年生？ 国や地域によって教育制度に関する表現は多岐に渡ります。university は学部と大学院の両方を提供する大きな教育機関、college は規模が小さく学生に対する個別のサポートが手厚いという認識がありますが、実際はその境界は曖昧です。大学は学部（undergraduate、bachelor）、大学院修士（graduate、master's）、大学院博士（postgraduate、doctorate）で構成されています。またアメリカ英語では freshman（4年制大学の1年生）、sophomore（2年生）、junior（3年生）、senior（4年生）という言い方も覚えておいてください。

得意なことや能力を語る

STEP ❶ グローカルマインドをおさえる

得意なことや優れている点を自分自身で把握するのは実は難しいことです。特にグローバルエリートは、自分の得意なことや過去の経験を語って相手との距離を縮めます。自分が得意なことを 10 個ほど書いてみましょう。ポイントはポジティブマインドです。一見、欠点に見えることにも自分の良い部分が隠れている場合があります。例えば、「優柔不断な性格」は「慎重な性格」と表現することもできるはずです。自分にどのような能力があり、どのような経験があり、どう貢献できるかについて適切に表現できるようにしていきましょう。 ここでは言語能力に特化して定番表現を紹介していきます。

STEP ❷ グローカル英語のキホン

ヒンディー語で日常会話ができます。

I'm c_____ in Hindi.

ヒント 「日常会話ができる」という形容詞

スペイン語を操る能力があります。

職業として
使えるレベル

I have a good c_____ of Spanish.

ヒント 「操る力」を表す名詞

イタリア語を話すのは慣れています。

I'm c_____ speaking Italian.

ヒント 直訳は「心地が良い」

幼いときは英語で意思疎通ができました。

When I was a child, I was a_____ t____ communicate in English.

ヒント 「〜することができる」の典型表現

私の中国語熟達度は中級です。

My p_____ in Chinese is intermediate.

ヒント 「熟達度」を表す名詞

I'm conversational in Hindi.

ヒンディー語で日常会話ができます。

conversational は「日常会話ができる」という意味で、conversational level（日常会話レベル）という表現も覚えておきましょう。

I have a good command of Spanish.

スペイン語を操る能力があります。

command は多義語で「命令」「指揮」「展望」などの意味があり、ここでは「言語を操ることができる能力」という意味になります。good を excellent（優秀な）や impressive（優れた）に言い換えて形容詞に強弱をつけることが可能。

I'm comfortable speaking Italian.

イタリア語を話すのは慣れています。

語学に対する自信に関する表現です。comfortable は「心地が良い」という意味の形容詞で違和感なくイタリア語を話せることを意味します。もしイタリア語でスピーチするほどの自信がある場合は confident を用いると良いでしょう。

When I was a child, I was able to communicate in English.

幼いときは英語で意思疎通ができました。

could を使って「〜ができた」を表現してしまうことが多くありますが、could のもう１つの意味である「やろうと思えば〜できる」と混同されてしまうので、was able to を使います。「自分の言葉を相手にわからせる」という意味の make oneself understood を用いた I was able to make myself understood in English. に言い換え可能！

My proficiency in Chinese is intermediate.

私の中国語熟達度は中級です。

「熟達度」を意味する proficiency を主語に用いた高度な英語表現です。「中級」を意味する intermediate の代わりに「上級」を意味する advanced や、「まあまあ」を意味する limited などに言い換え可能！

距離を縮める
こんなときのこれだけ推しフレーズ

「才能」について表現したいとき

I have no talent for drawing.

絵心がないんです。

● talent は「特定分野における生来の才能」のこと。

You are gifted.

君は才能があるね。

● gift は「神が才能を授ける」という意味があり、「才能がある」は be gifted で表現可能！

That's my superpower.

それが私の特技です。

● 特技のことをおどけて superpower と表現するとウケがいいはずです。

I'm terrible at dancing.

ダンスが大の苦手なの。

● be terrible at は「〜（すること）が大の不得意である」ということで、be bad at に言い換え可能！

知って納得の一生モノ知識

Can you speak Japanese? は失礼 can は「能力」を表す助動詞ですが、疑問文で使うとやや上から目線になり、さらに能力を問う質問は面接のような相手の能力を見極めるような環境でしか使えません。「日本語を話せますか？」と聞きたいときは Do you speak Japanese?（日本語を話しますか？）と言いましょう。Can you do this? は依頼をするときに使えるフランクな表現で友達同士では OK ですが、より丁寧な表現である Would you be able to do this? や Is it possible for you to do this? も覚えておきましょう。

🎧 Track 12
過去の経験を共有する

STEP ❶ グローカルマインドをおさえる

自分の過去の経験を相手に伝えることで相手との共通点の発見に繋がることがあります。特に相手の出身国に行ったことがあり、相手の文化を経験したことがあることを伝えると一気に距離が縮まります。これまで自分が行った国や地域をあらためて整理して、そのときどんなことを感じたのか思い出してみましょう。その記憶が適切に描写できることを目指してみてください。ここでは過去の経験を相手に共有するときに使える英語表現を紹介していきます。

STEP ❷ グローカル英語のキホン

ここは初めてです。

This is my f_____ time here.

ヒント 「第一の」

かつては短髪でした。

I u_____ t____ have short hair.

ヒント 過去の習慣

これまで上海に5回行ったことがあります。

I h____ v_____ Shanghai 5 times so far.

ヒント 過去の経験

フランスでエスカルゴに挑戦すべきでした。

I s_____ have tried escargot in France.

ヒント 助動詞の「すべき」

もう一度（あの時に戻って）やり直したい。

I w_____ I could do it all over again.

ヒント 「希望」を意味する動詞

This is my first time here.

ここは初めてです。

初めて経験するときに使える表現です。英語の序数は 3 までは first（第一の）、second（第二の）、third（第三の）となります。4 以降は fourth（第四の）、fifth（第五の）、sixth（第六の）と -th が続いていきますが不規則な変化が起きることもあるためスペルには要注意！

I used to have short hair.

かつては短髪でした。

used to ＋動詞の原形は継続的に繰り返し行った「過去の習慣」を伝える表現です。過去形を用いた I had short hair. にすると過去のある一時的な瞬間のみ短髪だったというニュアンスになります。類似表現の be used to ...ing は「〜することに慣れている（状態）」となるので混同注意！

I have visited Shanghai 5 times so far.

これまで上海に 5 回行ったことがあります。

have ＋過去分詞の現在完了を用いた過去の経験を描写する表現です。visit は vis（見る）＋ it（行く）という語源があり、観光や誰かに会うなどの明確な目的を含む訪問であると解釈できます。I have been to Shanghai 5 times. に言い換え可能！

I should have tried escargot in France.

フランスでエスカルゴに挑戦すべきでした。

助動詞の should ＋過去分詞は過去の後悔を伝える表現です。フランス語で「カタツムリ（snail）」を意味する Escargot はフランス料理の高級食材です。食べたことを後悔しているときには I should not have eaten escargot. と表現できます。

I wish I could do it all over again.

もう一度（あの時に戻って）やり直したい。

もう一度体験したいくらいの良い思い出を描写するときの仮定法の表現です。That night was so much fun. I wish I could do it all over again.（あの夜は本当に楽しかった。もう 1 回やりたいね）などのように表現できます。

距離を縮める
こんなときのこれだけ推しフレーズ

未経験や後悔を表したいとき

I've never seen snow.

雪を見たことがありません。

● snow の代わりに、オーロラ（an aurora）、竜巻（a tornado）なども入れられます。

I've never been to Italy.

イタリアに行ったことがありません。

●「行く」は現在形では go ですが、完了形として使用する場合は been となります。

I should have taken Spanish classes.

スペイン語のクラスを受講すべきでした。

●「〜すべきだった」は should have + 過去分詞。

I should have saved more money.

もっとお金を貯めておくべきでした。

●反対に「〜すべきじゃなかった」を表すときは shouldn't have + 過去分詞。

知って納得の一生モノ知識

peri の仲間はたくさんいる！ 自分の過去の経験を振り返ると挑戦と後悔で形成されていることに気付きます。ロシアの心理学者ヴィゴツキーの社会文化理論（socio-cultural theory）では経験の捉え方によってその意味が変わるという perezhivanie（lived experience）という重要な概念を生み出しています。experience の peri は「トライする」という意味で、何度もトライする experiment（実験）、鍛錬を繰り返して身につく expertise（専門性）、ある分野を極めた expert（専門家）が語源仲間です。挑戦を繰り返すことが experience（経験）です。さらに「危険」という意味がある peril や、「経験主義の」という意味の empirical も同じ語源なのでまとめて覚えておきましょう。

自信を持って努力や実績を語る

STEP ❶ グローカルマインドをおさえる

日本では「出る杭は打たれる」（アメリカ英語では The nail that sticks out gets hammered down. イギリス英語では The stake that sticks out will be pounded down.）と言われます。他人と違うことをしたり、意識の高い行動をすることは上から叩かれてしまうのです。一歩外の世界に出ると努力は歓迎され、exception（例外）が受け入れられ、exceptional（例外的な）はほめ言葉です。自分がいま取り組んでいること、努力していることを伝えるのは自己紹介する上でも重要な要素となります。現在努力していることや専念していること、これから挑戦しようとしていることを自分のストーリーの一部として表現できるようにしておくとよいでしょう。

STEP ❷ グローカル英語のキホン

がんばってみます。

I'll t_____.

ヒント 「やってみる」を表す動詞

なんとか試験に合格しました。

I managed to p_____ the exam.

ヒント 「通過する」という意味もある

さらなる努力をしていきます。

I'll g_____ the extra mile.

ヒント 「行く」を表す動詞

人前で話すことは自分にとって大きな修業でした。

Public speaking was a big c_____ for me.

ヒント 「つらかったこと、大変だったこと」という名詞

多くの困難を乗り越えてきました。

I've o_____ a lot of difficulties.

ヒント 「…を乗り越える」を表す動詞

I'll try.

がんばってみます。

try は「成功に向けて試してみる」というニュアンスがあり、あんまり自信はないけれどやることに決めたときに使います。I'm trying. はいま頑張っているときに使い、I tried. は頑張ったけれど結果が伴わなかったときに使います。I'll try my best. で「最善を尽くす」の意味。

I managed to pass the exam.

なんとか試験に合格しました。

ギリギリで試験に合格したときに使う表現です。manage は「管理する」という意味の動詞ですが、manage to は「なんとかして〜する」という意味で過去に苦労した経験などを描写するときに使います。

I'll go the extra mile.

さらなる努力をしていきます。

「余分なマイルを行く」から意味が転じて「一層頑張る」となった口語表現です。I'm going the extra mile. のように今頑張っていることを現在進行形で表すことも可能！

Public speaking was a big challenge for me.

人前で話すことは自分にとって大きな修業でした。

日本語のチャレンジは「何かをやってみる」ときに使いますが、英語の challenge は「困難なこと、つらかったこと」という意味になるので、何かに挑戦するときには try を使って表現しましょう。形容詞の challenging は大変だけどやりがいがある挑戦に使います。

I've overcome a lot of difficulties.

多くの困難を乗り越えてきました。

過去の困難や苦労を語るときの表現です。overcome は目の前の壁を乗り越えていくイメージがあり、get over に言い換え可能です。「困難」を意味する difficulty を「障害」という意味の obstacle に言い換えることも可能！

距離を縮める
こんなときのこれだけ推しフレーズ

「今がんばっていること」を伝えたいとき

I'm trying to stay healthy.

健康でいようとしています。

● try to do で「〜しようとがんばる」という意味。

I'm trying not to drink beer.

ビールを飲まないようにしています。

● 否定の場合は不定詞の前に not が入ります。

「これからがんばること」を伝えたいとき

I'll try harder next time.

次回はさらに努力してみます。

● 目的語を取らない表現もできます。

I'll try to find a solution.

解決策を探してみます。

● to 不定詞は未来志向。

知って納得の一生モノ知識

努力は外に向ける力! effort(努力)の語源は ef(外に)+ fort(力)で同語源には enforce(施行する)や fortress(要塞)などがあります。「努力をする」という表現は、make an effort が基本ですが、put effort into を使って、I put a lot of effort into writing this essay.(このエッセイを書くために相当努力しました)とすることもできます。仮主語の it を用いて、It takes a lot of effort to learn English.(英語を学ぶには相当な努力が必要です)という表現もできます。「一夜漬けで勉強などに奮闘する」といった意味での「努力」を表すときに使う burn the midnight oil や pull an all-nighter という表現も覚えておきましょう。

🎧 Track 14
決断と挑戦に ついて語る

STEP ❶ グローカルマインドをおさえる

決断とは何かを決めて断つこと、つまり新しい挑戦をすることに繋がります。日本で決断や挑戦について語ることは照れくさく自慢のように聞こえてしまいますが、世界では決断や挑戦することを応援してもらえます。自分の決意を表明することで、意識が高まり、継続して挑戦することに繋がります。みなさんの今年の目標は何でしょうか。その目標を達成するために何をしていますか。英語学習に入る前に、日本語でいいので書いて整理してみましょう。

STEP ❷ グローカル英語のキホン

転職することを決めました。

I've d_____ to change jobs.

ヒント 「決める」という動詞

それについてはまだ考え中です。

I'm still t_____ about it.

ヒント 「考える」という動詞

もう決めました。

My mind is m____ up.

ヒント make の過去分詞形

私の決意は堅いです。

My determination is r____ solid.

ヒント 「岩」を表す名詞

心機一転することにしました。

I've decided to t_____ over a new leaf.

ヒント 「ひっくり返す」という動詞

I've decided to change jobs.

転職することを決めました。

decide to do は「決断」を意味する最も一般的な表現。have ＋過去分詞形で、一定期間悩んだ末の決断であることが伝わります。フォーマルな表現である make the decision to do に言い換え可能！

I'm still thinking about it.

それについてはまだ考え中です。

何かを決断できないとき、またレストランのメニューを片手に考えているときなどに使える表現です。ちなみに決断力がない人は indecisive と描写できます。I'm still deciding. や I haven't decided yet. に言い換え可能！

My mind is made up.

もう決めました。

「決心する」という意味の熟語である make up one's mind を受動態にした表現です。decide や make a decision よりも堅い表現で、受動態にすることでさらに意思が固まっていて揺るがないことが伝わります。

My determination is rock solid.

私の決意は堅いです。

決断を告げたあとに再度自分の決意は堅いことを強調する表現です。rock solid は直訳すると「石のように硬い」という意味で rock-solid determination（石のように固い決心）と表現することも可能！

I've decided to turn over a new leaf.

心機一転することにしました。

「本の新しいページ（leaf）をめくる」という直訳から、心機一転して何かをイチからやり直すときに使う表現です。特に何かネガティブな習慣などを気持ちを入れ替えてポジティブな習慣に変えるタイミングで使います。start from scratch や make a fresh start に言い換え可能！

距離を縮める
こんなときのこれだけ推しフレーズ

決められないとき

I can't decide.

決められません。

● レストランのメニューの食べ物を選ぶときから人生の選択まで、幅広く使えます。

I'm still deciding.

まだ迷っています。

●「決めている最中」は「迷っている」ということ。

I'm in a dilemma.

迷っています。

● dilemma はギリシャ語由来で「二重の問題」という語源で板ばさみの状態を意味します。

I'm not sure what I should do.

何をすべきかわかりません。

● I'm not sure は I don't know よりも自信がなく確信が持てないときに使う表現です。

知って納得の一生モノ知識

人生は決断の連続! 選択の"質"を意識すると英語学習やキャリア選択に大きく影響するはずです。コロンビア大学ビジネススクール教授のシーナ・アイエンガーの著書『選択の科学（The Art of Choosing)』には、人生の「選択」についてさまざまな実験例と共に教訓が書かれています。選択肢の数が多ければ良い選択ができるわけではないという研究や、選択することにおける幸福の研究など、英語学習に限らず人生において重要な要素が詰め込まれています。変化の予想不可能な時代だからこそ、闇雲に選択するのではなく、自分のことを理解し、科学に基づいて人生を選択していけると良いですね。

大きな夢や目標を言おう

STEP ❶ グローカルマインドをおさえる

目標や夢について答えられるようにするためには、日頃から自問する必要があります。海外の人と話せばわかりますが、具体的な夢が今はなくても「わかりません……」で終わることはまずありません。「今年は副業をして収入を上げたいな」など何かしら表現します。しっかり言葉にできるよう、1年後、3年後、5年後の自分がどうなっているのか、どうありたいのか、その目標のために今何をしているのか、考えてみてください。

STEP ❷ グローカル英語のキホン

医者になりたいです。

I w_____ t____ be a doctor.

ヒント 「〜になりたい」の定番表現

海外留学したいです。

I'd l_____ t___ study abroad.

ヒント wantよりも控えめな表現

ずっとロンドンに住みたかったんです。

I've always w_____ to live in London.

ヒント 現在完了形を用いて一定期間を表現

将来の目標は海外に住むことです。

My g_____ is to live abroad.

ヒント 「目標」

将来についてはまだ何も決めていません。

I'm keeping an o_____ m_____ about my future.

ヒント 直訳は「開かれたマインド」

I want to be a doctor.

医者になりたいです。

want は「欲しい」という動詞ですが、want to do は「〜したい」という意味になり、want to be は「〜になりたい」という意味になります。「夢」が強調される My dream is to be a doctor. に言い換え可能！

I'd like to study abroad.

海外留学したいです。

自分がやりたいことを伝える表現です。I'd like to do は I would like to do（〜したい）のことで、want よりも丁寧で控えめなニュアンスがあります。I hope to do や I wish to do に言い換え可能！

I've always wanted to live in London.

ずっとロンドンに住みたかったんです。

have always ＋過去分詞である時点から今までずっとしてきたことや自分の長年の夢を伝えるときの表現です。ロンドンに住むことが決まったときやようやくロンドンに到着したときに使います。

My goal is to live abroad.

将来の目標は海外に住むことです。

将来の夢や目標を伝える定番表現です。goal は、「努力して達成するための目的」という意味の aim や、「野望」という意味の ambition に言い換え可能！

I'm keeping an open mind about my future.

将来についてはまだ何も決めていません。

keep an open mind は「先入観を持たない」という意味があり、ここではどんな未来も受け入れるということから、まだ未確定であるというニュアンスになります。I don't know what I'm going to do in the future. に言い換え可能！

こんなときのこれだけ推しフレーズ

「〜できたらいいのに」と言いたい

I wish I had more time.

もっと時間があったら良いのに。

●締切に間に合わないときなどの表現。

I wish I could change the past.

過去を変えられたらいいのに。

●「〜できたらいいのに」は I wish I could do。

I wish I could understand French.

フランス語を理解できたらいいのに。

●英語話者以外の人とコミュニケーションしているときの表現。

I wish I could have danced with Michael Jackson.

マイケル・ジャクソンと踊れたらよかったのに。

●過去の時点での願望は I wish I had ＋ 過去分詞。

知って納得の一生モノ知識

タスク管理より条件設定！ 英語学習でも人生でも目標設定は大切です。どうすれば設定ができるかわからない人には僕が実践している if-then planning がおすすめです。これは、「もし A したら、B する」の法則に従って、「(if) 朝起きたら (then) to do リストを書く」、「(if) 電車に乗ったら (then) BBC を聴く」という具体的な行動指針を立てる方法です。単にタスクを箇条書きするより、「いつ」という条件をつけると達成率が倍以上に高くなります。朝起きたら目標設定して、夜振り返ることを習慣付けましょう。

たった1分で
勝負は決まっている

世界の人々と英語で話す際、相手ははじめの1分であなたの印象を決めます。もちろん、相手はその印象を言葉にはしないでしょう。しかし、たった100語程度の単語で、相手はあなたの品位、誠意を計ります。

ネイティブのような発音で話せる必要はありませんし、流ちょうなスラングを使えなくても大丈夫です。はっきりと大きな声で、テンポよく正確なアクセントで発話できればそれで100点です。このような分かりやすく伝わりやすい英語はintelligible Englishと呼ばれます。

それよりも重要なのは、あなたが何者であるかをあなたが認識できているかどうかです。何が得意で何が苦手なのか、他の人とどういった点が異なっているのかを言葉にできるかどうかがその後の関係につながるのです。

自己紹介がしっかりできるかどうかは、世界を代表するような大学を出た「グローバル戦士」にだけ共通するものではありません。海外（特に欧米圏）では、基本的素養として身についていて、大学入試の面接でも求められています。

逆に言えば、英語学習の第1ステップとして自分なりの自己紹介を固めておけば、自己紹介におびえることがなくなるでしょう。それが自信につながり、好印象を与えるはずです。

グローカルマインド

Part 2

他者軸

相手の状況を想像することができなければ、人間関係は成り立ちません。人間関係が成り立たなければ、会話をする機会が生まれません。会話をする機会が生まれなければ、英単語や表現を覚えても使うことができず、結果として英語の力がつくこともありません。相手が何を求めているのか、自分がどういうコミュニケーションをすればいいのかをあらためて考えてみましょう。相手を励ましたり、お祝いの言葉をかけてあげることができれば、それがきっと強い結びつきを生んで、英会話力を生む礎になります。

相手の顔を見て あいさつをする

STEP ❶ グローカルマインドをおさえる

あいさつはお互いの存在を認め合う行為です。What's up? や、How are you? という表現は本気で相手の調子を尋ねているわけではなく、あいさつの決まり文句なので真剣に答える必要はありません。例えば Hello! How are you? に対してはカジュアルに Good! や Not bad! などで答えるのが自然です。イギリスでは How are you? の代わりに Are you alright? が使われる地域もあります。会話の相手や地域、タイミングや関係性などによってかける表現が変わってくるのでシチュエーションを意識しながら違和感のないあいさつをするように心がけましょう。

久しぶり！

It's been a w_____!

ヒント 「少しの時間」

あなたに会えて嬉しいです。

It's g_____ to meet you.

ヒント 「素晴らしい」

やっと対面でお会いできて光栄です。

P_____ to finally see you in person.

ヒント 「喜ばせる」の過去分詞形

最近どうでしたか？

What have you been u___ to?

ヒント 直訳は「上に」を表す副詞

調子はどうですか？

How are you d_____ today?

ヒント 「～している」

It's been a while!

久しぶり！

久々に会った親しい友達などに対して嬉しさを表現するときに使う表現です。a while には「少しの時間」という意味があります。「全然会ってなかったね」という意味の I haven't seen you for ages. や It's been ages. に言い換え可能！

It's great to meet you.

あなたに会えて嬉しいです。

初対面の相手に会えたことの喜びが伝わる表現です。「最高である」という意味の great を用いることで It is nice to meet you. よりもカジュアルで、喜びを感じられます。

Pleased to finally see you in person.

やっと対面でお会いできて光栄です。

pleased は nice よりも上品な形容詞で相手に会えて光栄であることが伝わる表現です。in person は「面と向かって」を意味し、オンライン上で繋がっていても初めて対面する場合があり、そんなときに使える表現です。

What have you been up to?

最近どうでしたか？

ある過去の時点から今までの調子や出来事を尋ねるときの表現です。類似表現の What have you been doing? に言い換え可能！返答は I've been quite busy. や I have been lazy these last few days. などが定番フレーズです。

How are you doing today?

調子はどうですか？

相手の調子を聞く丁寧な表現です。接客などで使われることも多く、友達同士で使うと違和感が生まれてしまうかもしれません。よりカジュアルな表現として What's up? や How's life? などがあります。

距離を縮める
こんなときのこれだけ推しフレーズ

初対面ではないとき

Have we met somewhere before?

以前お会いしましたか？

●見たことはあるけれど、名前が思い出せないときに。
（状況次第では失礼な表現なのでビジネスでは NG）

Haven't we met before?

以前お会いしていませんでしたっけ？

●初対面かどうか記憶があいまいなときに。

I know! We met at Shigeru's party.

そうだ！ シゲルさんのパーティーで会いましたね。

●どこで知り合ったかを思い出せた場合の表現。

It is nice to finally meet you face to face.

ようやく直接お会いできて嬉しいです。

●メールやオンラインミーティングでしか関わりがなかった人に使えます。

知って納得の一生モノ知識

初対面の相手に対しては喜びを伝えるのが基本！「はじめまして」は Nice to meet you. が一般的ですが、これは It is nice to meet you. の省略形で、大切なことを最初に持ってくる英語の典型的な表現です。ちなみに初めて会った瞬間は Nice to meet you. が一般的ですが、初対面からの別れ際には（It was）Nice meeting you. を使います。初対面の相手に対しては他にも堅い表現で How do you do? がありますが、It's nice to meet you. と返答するようにしましょう。

Greeting

一覧で覚えるあいさつ表現

英会話のハードルを上げているのが、あいさつ表現。
さまざまなパターンがあるので、
どのように答えていいのかわからず、
ドギマギしてしまう方は少なくないでしょう。
ここでは場面や相手との関係性に合わせて、
表現を整理してみました。

こんなふうに聞かれたら

How are you?
元気？

How are you doing?
元気にしてる？

How are things?
調子はどう？

How's everything?
調子はどう？

How's it going?
調子はどう？

How are you feeling today?
今日の気分はどう？

典型表現として知られる How are you? I'm fine, thank you. And you? というやりとりは「日本の教科書にしか存在せず、ネイティブスピーカーは使わない」とまことしやかに言われていますが、実は使われます。ただし、And you? という形ではあまり使いません。もし使うとすれば I'm fine, thank you. You? となるでしょう。むしろ、fine ではないとき、元気がなく疲れている際の表現 (Not so great. など) も覚えておくと便利でしょう。また、オンライン英会話などで How was your day? How was your weekend? などと聞かれることも少なくありませんが、これも基本的には It was good/fine/OK. や It wasn't bad. などと答えれば大丈夫です。

I'm fine, thank you!
元気だよ、ありがとう

I'm doing great!
いい感じでやってるよ

Not bad!
いつも通りだよ

It's all good!
いい感じだよ

Things are going well, thanks.
いい感じだよ、どうも

I'm feeling great!
すごくいい感じだよ

What's up?
最近どう？

What's new?
お変わりない？

What's going on?
最近どう？

What have you been up to?
最近どう？

What's happening?
最近どう？

What's up? は、早く発音されると「ワサッ」くらいに聞こえます。Not much. You? と言い返せれば十分ですが、もし困惑してしまったら What's up?と同じように聞き返しても大丈夫です。日本語の「おす！」「よー」くらいの意味しかなく、本当に相手の状況を聞きたくて質問しているわけでは

元気じゃないときは素直に伝えていい

How are you ?
どうしてる？

I'm good,... と答えて、続けて except for... と言って話題を膨らませる方法もあります。I'm good, except for this weather. I went to the park

Nothin' much.
ぼちぼちだよ

Not a lot. / Not much.
ぼちぼちだよ

Just the usual.
いつも通りだよ

Same old, same old.
いつも通りだよ

You know, just the usual.
まあ、いつも通りだよ

ないので気にしないでください。What have you been up to? は What's up? とほぼ同じ意味です。be up to で「〜している」または「〜する予定だ」という意味も表すため、親しい友人から What are you up to tonight?（今夜は予定ある?）という意味で聞かれることがあります。

本人は医者の前でも「I'm fine, thank you. And you?」と言うのではないかというジョークがりますが、1年中元気なはずがないので、親しい人（と医者）には自分の状況を素直に伝えましょう。

Not great. It hasn't been my day.
いや、良くないね。今日はついてないわ

I messed/screwed up at work.
仕事でミスっちゃってさ

this morning and got caught in a sudden shower.（まあまあだね、天気を除けば。朝、公園に行ったらにわか雨に降られちゃってさ）

別れのあいさつをする

STEP ❶ グローカルマインドをおさえる

日本語の「さようなら」は「左様であるならば」が由来です。英語
での別れのあいさつである Goodbye. は God be with ye. の短縮形
で、こうした定番表現の比較文化は非常に興味深いです。どのよう
な言語においても、別れのコミュニケーションはシチュエーション
によってさまざまな表現が可能です。日本のビジネスシーンではお
辞儀をしながら丁寧に見送るシーンがよくありますが、英語圏では
出会いに感謝したり喜びを表現したりするのが基本です。別れの際
にかける言葉は相手への気持ちや感謝が伝わるようにすることが重
要であることを覚えておきましょう。

また後で会いましょう。

C_____ you later.

ヒント 「〜を捕える」

もう行かなくてはなりません。

Better be o_____.

ヒント 「分離」を意味する副詞

体調にはお気をつけてください。

最後まで相手に
対する気づかいを

Take c_____ of yourself.

ヒント 「気遣う」という名詞形

次回は是非お願いします。

次回に期待を込めて

Maybe n_____ time.

ヒント 「次の」という形容詞

幸運を祈っています。

Best of l_____ for your future.

ヒント 「運」という名詞

Catch you later.

また後で会いましょう。

直訳は「あなたを後で捕まえる」となりますが、別れを告げる See you later. よりもカジュアルな定番表現です。Catch を Talk to に言い換えると Talk to you later. となり、頭文字を取った ttyl は友達同士のチャットやメールでよく使うスラングです。

Better be off.

もう行かなくてはなりません。

家族や友達などと別れるときに使うカジュアルな表現です。off には「分離」の意味があり、その場から離れるニュアンスがあります。I have（got）to go now. や I better get going then. に言い換え可能! アメリカ英語では I gotta go now. が自然です。

Take care of yourself.

体調にはお気をつけてください。

相手の体調以外にも帰路を気遣っての声がけとしても使うことができます。Take good care of yourself. として強調することで、より一層の気遣いや心配を表すことができます。Stay safe. に言い換え可能!

Maybe next time.

次回は是非お願いします。

今回は都合が合わなかったけれど次回またお誘いしたい、誘ってほしいときに使う控えめな表現です。Maybe another time. や Some other time. も使えます。より丁寧に表現したい場合は I hope you can join in next time. を使いましょう。

Best of luck for your future.

幸運を祈っています。

別れのときに伝える応援の意がある表現です。よりカジュアルに表現する場合は Good luck. や Best of luck to you.、さらに丁寧な All the best for the bright future ahead of you. という手紙で使う表現もあります。

距離を縮める
こんなときのこれだけ推しフレーズ

さよなら＋αで言いたいとき

Say hello to your family.

家族によろしくお伝えください。

● say hello to で「～にあいさつする」。

Have a good weekend.

良い週末をお過ごしください。

●金曜日、友人などに対して使える表現。good は nice や lovely に言い換え可能！

Enjoy the rest of your stay.

残りの滞在を楽しんでください。

●海外の友人と日本で会った際、まだ帰国まで日数がある場合などに。

Text me when you get home safely.

無事に家に着いたら連絡してください。

●恋人・家族などとお別れした際、安全を確認するために。

知って納得の一生モノ知識

覚えておきたい別れの表現！ 子どもや親しい友人との別れでは Bye. や Bye-Bye. が定番、そして最も頻度が高いのが See you. で、later、soon や tomorrow などを付け加えます。恋愛などの別れでは It's over.（もう終わりだね）や We're done.（私たちはもう終わりです）を使います。職場では Let's call it a day. と言うと仕事を切り上げて終わりにするという意味になります。仲間や同僚に長期間会わなくなるときの別れの表現は farewell です。farewell は fare（送る）＋ well（良い）から「よき旅をせよ」という語源があり、farewell party は「送別会」となります。また学校生活の最後の別れとなる commencement は、「卒業式」という意味だけでなく「新たな始まり」という意味があり、別れの後には新たな出会いがあることを感じる表現です。

🎧 Track 18
感謝の想いを伝える

STEP ❶ グローカルマインドをおさえる

日本語の「ありがとう」は「有り難い」、つまり有ることが稀という意味であり、感謝すべき事柄の表現として使われています。他者に対して感謝をするという文化は世界共通で、感謝の伝え方は多岐にわたります。1日の振り返りの一環として、何かをしてくれた人、自分の人生に良い影響を与えてくれた人など、1日3人に英語の感謝ノートをつける習慣を身につけていきましょう。相手との出会いをその日のうちに感謝することで次回対面したときにも感謝が伝わりやすくなります。感謝を通して返報性の法則を理解することで、良好な人間関係が構築できます。

STEP ❷ グローカル英語のキホン

あなたにはとても感謝しています。

I o_____ you a lot.

ヒント「恩がある」という意味

本当にありがとうございます。

I really a_____ it.

ヒント「～の価値を理解する」という意味

Thank you. 以外の
表現を覚えよう

あなたには感謝しきれません。

I can't t_____ you enough.

ヒント「ありがとう」の基本動詞

あなたの貢献には心から感謝しています。

I h_____ appreciate your contribution.

ヒント「大いに」を意味する副詞

これまで本当に幸運でした。

We've been very f_____.

ヒント fortune（運）の形容詞

I owe you a lot.

あなたにはとても感謝しています。

owe A Bは「AにBを借りている」という動詞で、直訳すると「あなたに多くを借りている」となります。be indebted to...（〜のおかげである）よりも柔らかい表現です。何かをしてあげた相手に対し、冗談めかして You owe me.（あなたは私に借りがある）と言うこともあります。

I really appreciate it.

本当にありがとうございます。

何かをしてもらったときなどに感謝を伝える表現です。I appreciate your kindness. や I appreciate your timely suggestion. のように、基本は「モノ、コト」が目的語になります。上記は決まり文句なので it に特定の意味はありません。

I can't thank you enough.

あなたには感謝しきれません。

Thanks a lot. と同じですが、より感謝を込めて伝えたいときに使う表現です。よりカジュアルな表現の Thanks a million. や Thank you heaps. も覚えておきましょう。

I highly appreciate your contribution.

あなたの貢献には心から感謝しています。

appreciate の後には基本的に「やってもらったこと」が続きます。highly appreciate という表現はフォーマルな場面で使えます。同じように心からの感謝を表す I'm incredibly grateful for your contribution. に言い換え可能！

We've been very fortunate.

これまで本当に幸運でした。

完了形を用いることによって、ある時から今までずっと幸運であったことが伝わります。相手に対して感謝するだけでなく、与えられた環境に対しても感謝するときに使えるフレーズです。fortunate は「幸運な」という形容詞で、反義語は unfortunate（不幸な）です。

距離を縮める

こんなときのこれだけ推しフレーズ

人生であと1000回は使いたいありがとう表現

Thank you for your prompt reply.

早速のお返事ありがとうございます。

●すぐにメールを返してくれた人にはお礼を。

I'm grateful for your understanding.

あなたのご理解に感謝しています。

●迷惑をかけた人へのお詫びのニュアンス。

I'm thankful for my mom and dad.

私は両親に感謝しています。

●両親や恩師への感謝の心を言葉にしてみてください。

I'm indebted to my parents for their support.

私は両親のサポートに感謝しています。

● be indebted to で「〜に恩義（借り）がある」という意味。

知って納得の一生モノ知識

金曜日は神様に感謝！ thank は「〜に感謝する」という動詞で I thank you. の省略形が Thank you. となり、定番の「ありがとう」というフレーズになりました。Thank you の後には前置詞の for を使って Thank you for helping me. や Thank you for the gift. のように表現できます。thank は Many thanks. のように名詞形で使うことも可能で、thanks の s は複数形です。Thank God!（Goodness）はホッとしたときに使う表現で、週末が始まる金曜日には TGIF（Thank God（Goodness）it's Friday!）と言います。

🎧Track 19
謝罪する

STEP ❶ グローカルマインドをおさえる

日本語ではあらゆるコンテクストで「すみません」というお詫びの言葉が先に出てくる言語です。相手に感謝をする場面であっても謝罪と感じられる言葉が先立ってしまう場合がありますが、幸せな言葉を積極的に使うポジティブ心理学をできる限り応用して「謝罪」ではなく「感謝」の言葉を心がけていきましょう。ちなみに「すみません」は I'm sorry. ではなく、Excuse me. が一般的です。excuse は「〜を許す」という動詞で、直訳すると「私を許してください」となり、小さな迷惑をかけるときに使います。 ここでは本当に謝罪が必要なときの英語表現を見ていきましょう。

STEP ❷ グローカル英語のキホン

ごめん！

My b_____!

ヒント 「私が悪い」と非を認める表現

申し訳ございません。

I do a_____.

ヒント do は強調の意味

そんなつもりで言ったわけじゃなかった。

I didn't m_____ it.

ヒント 直訳は「意味する」

そう思ってしまったのなら申し訳ないです。

I'm sorry you f_____ that way.

ヒント 「感じる」

失礼な態度をとってしまってすみません。

P_____ me for being rude to you.

ヒント 「許す」

My bad!

ごめん！

友人との会話などで使うカジュアルな表現です。It is my bad. が省略された形で、より丁寧な表現に It is my fault.（私に非があります）があります。Sorry about that.（ごめんね）や Forgive me.（許してね）も便利です。

I do apologize.

申し訳ございません。

I am sorry. よりも丁寧で、動詞の apologize に強調のための do を加えた表現です。強調の do は I do love you. や I do want to eat cake. のように動詞を修飾して使います。My apologies. や I am deeply sorry. に言い換え可能！

I didn't mean it.

そんなつもりで言ったわけじゃなかった。

mean は「～を意味する」という動詞で、「～のつもりである」という意味もあります。Do you mean it?（本気で言ってるの？）や I meant it as a joke.（冗談のつもりで言いました）などもよく使います。offend（怒らせる）という意味の動詞を使った I didn't want to offend you. に言い換え可能！

I'm sorry you feel that way.

そう思ってしまったのなら申し訳ないです。

素直に謝罪できないときに使う表現です。you feel that way は直訳すると「あなたがそのように感じる」となり、自分の主張は間違っていないが相手の捉え方に問題があり、自分の非を認めたくないというニュアンスがあります。

Pardon me for being rude to you.

失礼な態度をとってしまってすみません。

失礼な態度で相手を怒らせてしまったときに使う表現です。pardon は同義語である excuse よりもフォーマルな言葉で「許す」という意味があります。pardon は相手の発言が聞き取れないときに Pardon? や I beg your pardon, please. のように使います。being rude は my rudeness に言い換え可能！

こんなときのこれだけ推しフレーズ

● sorryとafraid

I'm sorry to hear that.

それを聞いて残念に思います。

● sorry には「ごめんなさい」以外の意味もあります。

I'm sorry for your loss.

お悔やみ申し上げます。

● 大切な人が亡くなった知人にかける言葉です。

I'm afraid I can't do that.

残念ながらできません。

● 「申し訳ないのですが……」というニュアンス。

I'm afraid I don't understand.

残念ながら理解できません。

● I'm afraid がないとぶっきらぼうに聞こえます。

知って納得の一生モノ知識

謝罪のひとことで印象が変わる! 謝罪表現の定番である I am sorry. はシンプルな謝罪で状況や深刻さによってはさらに丁寧な謝罪が求められる場合があります。sorry の直前に副詞の so/very/truly/terribly などをつけることでより深刻度が増します。さらに丁寧な表現である I apologize. は、deeply/sincerely などでも修飾できます。謝罪だけでなく、相手に対して申し訳ない気持ちが生まれる場合には、「後悔する」のほかに「残念に思う」も意味する regret を用いて表現することも可能です。ちなみに就職活動中に受け取る We regret to inform you で始まるメールはいわゆる「お祈りメール」です。

🎧Track 20
祝福を伝える

STEP ❶ グローカルマインドをおさえる

人生の節目を迎える人や何かを達成したとき人に対しては面と向かって祝福するのが基本です。誕生日には Happy birthday!、少し遅れてしまったら Happy belated birthday!、結婚したら Congratulations on your marriage.（結婚おめでとうございます）、昇格したら Congratulations on your promotion.（昇進おめでとうございます）が定番表現ですが、ここではより相手に寄り添った表現を見ていきましょう。

すごくがんばったね！

You did a g_____ job!

ヒント goodよりも「すごい」の意味

あなたを誇りに思います。

子どもや友人に
愛情を込めて使います

I'm so p_____ of you.

ヒント 「誇り」を意味するprideの形容詞形

あなたの才能にいつも感嘆しています。

I've always a_____ your talent.

ヒント 語源は「ある方向に向かって驚く」

試験の合格、おめでとうございます！

C_____ on passing your exam!

ヒント 定番表現の省略形

これからもっと幸せな未来が訪れますように！

W_____ you many more happy years ahead!

ヒント 「〜を願う」という動詞

You did a great job!

すごくがんばったね！

大きな仕事やプロジェクトをやり遂げた相手に伝えるやや上から目線の表現です。日本語の「お疲れ様」に相当する表現でもあり、さまざまなコンテクストで使われます。よりカジュアルな Good job! に言い換えできます。

I'm so proud of you.

あなたを誇りに思います。

何かを達成した子どもに対してかける表現です。proud は pride（誇り）の形容詞形です。幼少期からこのような声がけを受けることで自己肯定感が高まります。soの方が very よりも気持ちが込もったニュアンスになります。

I've always admired your talent.

あなたの才能にいつも感嘆しています。

have ＋過去分詞の形で、ある時点からずっとそうであったことが伝わります。admire は ad（〜へ向かって）＋ mir（驚く）という語源で「〜に感嘆する」という意味になり、respect（〜を尊敬する）に近いニュアンスがあります。

Congrats on passing your exam!

試験の合格、おめでとうございます！

congrats は congratulations の省略形で、よりフランクな表現になります。前置詞の on のあとには達成したことが続きます。複数形の s をつけ忘れないように注意が必要です。

Wishing you many more happy years ahead!

これからもっと幸せな未来が訪れますように！

相手の誕生日や結婚記念日などへのお祝いのやや伝統的な表現です。直訳は「あなたにこれからもっと幸せな年が訪れるように願っています」ということ。ahead は「将来に」という副詞。

こんなときのこれだけ推しフレーズ

ひとことで相手の良い知らせを祝福したいとき

That's amazing.

素晴らしいです。
●何かを達成した人に、幅広く使えます。

That's awesome.

それはすごいですね。
●驚くような偉業を達成した人に使います。

That's my boy.

さすが!
●自分の息子を褒めるときに使う表現。娘ならgirlに変えればOK!

That's great news.

それは良かったですね。
●いいじゃん、すごいじゃん、というニュアンス。

知って納得の一生モノ知識

祝福は「共に」「喜ぶ」! Congratulations! は努力して達成した成果やそれによって生じた良いことに対して使う表現です。そのため、結婚のお祝いや誕生日などの記念日に使うのはあまり適切ではないという考え方もありますが、実際にはよく使われています。動詞形の congratulate の語源は con(共に)+ grat(喜ぶ)で、agree(同意する)や gratitude(感謝)と同語源です。celebrate は祝典やパーティー、儀式などみんなが喜びの瞬間を共有して祝福するイメージがあります。commemorate は「忘れないように記念する」という意味があり、悪い出来事にも使われます。また、「印」という意味を持つ mark の動詞形は「記念する」となり、We went to an expensive restaurant to mark our fifth wedding anniversary. のように重要な時間や記念日に「印を付ける」というニュアンスで使われます。

🎧 Track 21
励ましや同情を伝える

STEP ❶ グローカルマインドをおさえる

何かにがんばっている人に対して、しっかりと励ましの言葉をかけることができていますか。日本語では「へ〜」で済むかもしれませんが、英語での会話ではそんなリアクションはありえません。がんばっている相手をリスペクトするのがグローバルコミュニケーションのルールです。また落ち込んでいる相手に対しては相手の立場に立って寄り添ってあげなくてはなりません。ちなみに、失敗した人に対して掛ける「ドンマイ」（Don't mind.）は、和製英語なので英語話者には通じません（正しくは Never mind. など）。

良くできました。

Good f_____ you.

ヒント 「〜のために」という意味の前置詞

きっと大丈夫です。 | 相手の不安を和らげる力が必要

Should b____ fine.

ヒント 助動詞の後は動詞の原形

そんなこと心配しなくて大丈夫です。

No need to w_____ about it.

ヒント 「心配する」

もうがっかりさせません。 | 謝罪のニュアンス

I won't let you d_____ again.

ヒント 「下方」を意味する副詞

われわれは同じ境遇です。

We are all in the same b_____.

ヒント 海の乗り物

Good for you.

良くできました。

相手が何か成功したことがあったときに掛ける表現です。ただし、誰かが自慢話をしているときに皮肉や軽蔑を込めて「良かったですね〜」というニュアンスで使うこともできるため、声のトーンと文脈に気をつけましょう。

Should be fine.

きっと大丈夫です。

主語の You が省略されたカジュアルな表現です。助動詞の should は「〜であるはず」に加えて「きっと」という期待を込めたニュアンスがあります。また心配や懸念に対する安心の声がけとしても使うことができます。You will be fine. に言い換え可能！

No need to worry about it.

そんなこと心配しなくて大丈夫です。

心配して落ち込んでいる相手に対して励ますときに使う表現です。類義表現の No worries. は「心配しないでください」以外にも御礼の言葉に対しての返答の言葉としても使うことがあります。またより堅い表現の No problem. や No issues. も覚えておきましょう。

I won't let you down again.

もうがっかりさせません。

自分が何かをやらかしてしまって気が立っている相手に対して謝罪の意を込めてかける表現です。let...down は disappoint と同意語で「〜をがっかりさせる、期待を裏切る」という意味になります。

We are all in the same boat.

われわれは同じ境遇です。

相手の気持ちを察して同情したり、励まし合ったりする表現です。直訳すると「同じボートに乗っている」となりますが、「同じ困難を体験する」と解釈でき、同じ状況にあるという意味になりました。We are on the same wavelength.（われわれは波長が合う）という表現も頻出！

距離を縮める
こんなときのこれだけ推しフレーズ

相手にひとことアドバイスをしたいとき

You'd better listen to your parents.

両親の話を聞かないとダメです。

● had better do で「〜しないと大変なことになる」というニュアンスを持ちます。

You'd better take some time for yourself.

自分の時間を作らないとまずいですよ。

● sometimes（時々）ではなく、some time（いくらかの時間）です。

Don't push yourself too hard.

無理しないでね。

● push は「押す」以外に「追い込む」という意味もある。

Keep up the good work.

その調子でがんばって。

● Keep it up. に言い換え可能。

知って納得の一生モノ知識

励ましは「心」から！ 「励まし」を意味する encouragement には「勇気」を意味する courage が隠れていて、ラテン語の cor（心）に由来しています。つまり「励まし」とは、en（動詞接頭辞）＋ courage（勇気）＋ ment（名詞語尾）で「勇気付けてあげること」と解釈できます。対義語は否定を表す dis を付けて discouragement（落胆）となります。同じ語源の英単語は、電気の cord（コード）やリンゴの core（芯）、楽器のaccordion（アコーディオン）などがあり、他にも re（再び）＋ cord（心）という語源の record（記録）、心が同じ方向に向くことから「方向」を意味する接頭辞の ac を付けて accord（一致、調和）、その対義語として discord（不一致）がありますので、まとめて覚えておきましょう。

⏣Track 22
つながる・連絡する

STEP ❶ グローカルマインドをおさえる

初対面の相手とつながるためには出会って最初の1分間で共通点を見つけることが重要です。人は自分と背景の異なる他者と出会うことで新たな自分に気づき、自らを相対化してみるようになります。どのような相手にも配慮することは必要ですが、すべての人と仲良くなることは不可能なため、最終的には自分と相性が良い仲間を見つけることが人生の豊かさにつながります。人間関係ができれば「これからも連絡を取り合いましょう！」と提案してみましょう。定期的に近況報告をして連絡を取り続けることでリユニオンの機会が生まれます。

STEP ② グローカル英語のキホン

後でメッセージします。

I'll t_____ you later.

ヒント 「~にテキストメッセージを送る」という動詞

随時連絡します。

I'll k_____ you updated.

ヒント 「保つ」という動詞

進捗を常に報告してください。

ビジネスメールで使いたい

Keep me in the l_____.

ヒント 「輪」という名詞

Facebookで友達申請してもいいですか?

Can I f_____ you on Facebook?

ヒント 「友達」の動詞形

このメールに誰をCCすべきですか?

Who should be c_____ on this email?

ヒント そのまま動詞として使えます

I'll text you later.

後でメッセージします。

メールは英語で email ですが、text はメッセージ機能（SMS）全般のやりとりを指します。I'll message you later. に言い換え可能！日本語の教科書を意味する「テキスト」は英語で textbook と言いますので注意しましょう。

I'll keep you updated.

随時連絡します。

相手と繋がり続けたいという意図を見せるための表現です。「最近の情報を知らせる」という意味がある post を用いた I will keep you posted. に言い換え可能！

Keep me in the loop.

進捗を常に報告してください。

直訳すると「私を輪の中に入れ続けて」となりますが、これは相手の仕事やプロジェクトなどの状況を逐次伝えてほしいときに使う表現です。keep はある状態を継続するニュアンスがあります。loop の代わりに chat や community を使うこともできます。

Can I friend you on Facebook?

Facebook で友達申請してもいいですか？

SNS 上で友達になるときの表現です。friend は名詞形で「友達」ですが、最近は「友達になる」という動詞で使われるようになりました。このような現象は verbing（動詞化）と言われ、Do you salad or sandwich?（サラダかサンドイッチ食べる？）などという表現も存在します。

Who should be cc'd on this email?

このメールに誰を CC すべきですか？

同僚とのカジュアルなビジネスメールで使える表現です。cc というのは「複写」を意味するカーボン・コピー（Carbon Copy）の略で送り先が複数あるときに使う表現です。cc'd の「d」は過去形 / 過去分詞形の ed のことを指します。

こんなときのこれだけ推しフレーズ

関係をつなぎたいときはkeepが便利

Keep in touch.

連絡を取り続けましょう。

●せっかく仲良くなった人がいたら別れ際に伝えましょう。

Keep me updated.

アップデートお願いします。

●「最新情報をください」ということです。

Keep me posted on your progress.

進捗状況を教えてください。

●「情報を常に貼り付ける」というpostには「～に進捗状況を伝える」という意味も。

Let's keep in touch on social media.

SNSで繋がってください。

●「SNS」は基本的には日本でしか使用しません。

知って納得の一生モノ知識

SNSは和製英語！ SNSは英語では基本的にsocial mediaと呼ばれ、XやFacebook、Instagram、LinkedInなどのインターネット上のコミュニティーサイトのことを意味します。これらのSNSが急速に広がったことにより新たな言葉が続々と辞書に追加されています。「charisma（カリスマ）」の短縮形とされているrizzは「自分の魅力で相手を惹きつける力」という意味で、SNS上で大流行しています。また、SNSで発信したものが「バズる」ことを英語ではgo viralと表現し、The video went viral.（その動画はバズった）のように表現します。また、最近ではSNSで中毒的にネガティブな情報ばかりを収集してしまうことをdoomscrolling（doomは「世界の滅亡」などの意）と呼ばれ社会問題にもなっています。

⏺Track 23
時間を意識する

STEP ❶ グローカルマインドをおさえる

世界共通のはずである「時間」ですが、国によって時間厳守（punctuality）の感覚が異なります。留学先では、19:00 から始まるパーティーに日本人が 5 分前に集合し、他に誰も現れず、21:00 になって全員が集まったなんてことも多々あります。コーヒー片手に堂々と大学の授業に遅れてくる人々もいます。だからといって時間に遅れるべきだということではありません。遅れていいのは自分以外に迷惑をかける人がいない場合に限ります。デートや約束には必ず時間通りに行きましょう。時間に対する感覚は世界各地でバラバラですが、「自分は遅れない」「他人が遅れても怒らない」が鉄則です。

STEP ❷ グローカル英語のキホン

時が経つのは早いですね。

思い出話に必須の表現

Time f_____.

ヒント 3単現のsを忘れずに！

急ぐ必要はありません。

No need to h_____.

ヒント 動詞形の「急ぐ」

一瞬だけ話をしましょう。

さっと言えるように！

I need to talk to you real q_____.

ヒント 「素早く」の意味ですが、quickly ではなく……？

必要なだけ時間を使ってください。

Take as m_____ time as you need.

ヒント ここでのtimeは不可算名詞

今何時ですか？

Do you have t___ time?

ヒント 「今」、なので、冠詞は……？

Time flies.

時が経つのは早いですね。

旧友と思い出話をしていて時間の流れが早いと感じたときに使う、「光陰矢の如し」と訳される表現です。fly は本来「飛ぶ」という意味です。ここでは「矢のように過ぎ去る」という意味になりますが Time flies like an arrow. とは表現しないので注意しましょう。

No need to hurry.

急ぐ必要はありません。

You do not need to hurry. をカジュアルにした表現です。よりカジュアルな No rush.（急がないで大丈夫です）や、より丁寧な表現である Take your time.（どうぞごゆっくり）に言い換え可能！

I need to talk to you real quick.

一瞬だけ話をしましょう。

友人や同僚など仲が良い関係でのみ使えるカジュアルな表現です。日本語でも「一瞬だけ」と比喩表現で実際には一瞬ではない場面においても使われますが、real quick は同様の意味を持つカジュアルなスラングです。

Take as much time as you need.

必要なだけ時間を使ってください。

take は time を目的語にとると「時間がかかる」という意味になり、Take your time. は「時間を使ってください」になります。ここでの time は数えられない名詞なので many ではなく much を使います。as を使った as much time as は「必要なだけの時間」と解釈できます。

Do you have the time?

今何時ですか？

相手に時刻を尋ねるときは What time is it? が定番ですが上記も頻出です。Do you have time? は「時間がありますか？」となりますが、冠詞の the がつくと現在の時刻を尋ねる表現になります。

距離を縮める

こんなときのこれだけ推しフレーズ

時間の長さを聞きたいとき

How long is the movie?

その映画はどのくらいの長さですか？

● 3 時間を超える名作として有名なのは『七人の侍』。

How long have you known each other?

知りあってどのくらいになりますか？

●相手カップルの馴れ初めを聞きたいときに。

時間を与えたいとき、ほしいとき

Take it easy.

ゆっくりね。

●「気楽にやってね」というニュアンス。「じゃあね」のように別れのあいさつにも使います。

Just a sec.

ちょっと待ってください。

●口語では second が sec に省略されることがある。

知って納得の一生モノ知識

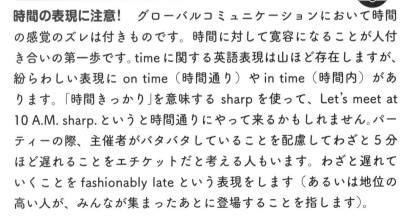

時間の表現に注意！ グローバルコミュニケーションにおいて時間の感覚のズレは付きものです。時間に対して寛容になることが人付き合いの第一歩です。time に関する英語表現は山ほど存在しますが、紛らわしい表現に on time（時間通り）や in time（時間内）があります。「時間きっかり」を意味する sharp を使って、Let's meet at 10 A.M. sharp. というと時間通りにやって来るかもしれません。パーティーの際、主催者がバタバタしていることを配慮してわざと5分ほど遅れることをエチケットだと考える人もいます。わざと遅れていくことを fashionably late という表現をします（あるいは地位の高い人が、みんなが集まったあとに登場することを指します）。

予定・計画を伝える

STEP ❶ グローカルマインドをおさえる

いまやりたいこと、行きたい場所、会いたい人などを整理することで自然とスケジュールが立てられます。自分の未来のためのスケジュールを立てることは、自分の人生の決断をすることと同義です。しっかりとやりたいこと、やるべきことを決断することでスケジュールがフィックスし、他の予定も立てやすくなります。また、友人からお誘いを受けた際に自分が参加可能かどうかを即答できるようになります。即答できるようになるとその友人が再び誘いやすくなり関係も深くなっていきます。

予定が空いてます。

I have an o＿＿＿＿ schedule.

ヒント「空いている」

<hr>

明日は詰まってます。

I'll be t＿＿＿ up tomorrow.

ヒント「〜を縛る」という動詞の過去分詞形

<hr>

今夜は空いていません。｜予定を頭にしっかり入れる

I'm not a＿＿＿＿＿ tonight.

ヒント「利用できる」という形容詞

<hr>

片づけないといけない用事があります。

I've got some s＿＿＿ I need to complete.

ヒント「もの、こと」の名詞

<hr>

今週末の予定は何かありますか？（予定は何ですか？）

What are your p＿＿＿ for this weekend?

ヒント「計画」の名詞

I have an open schedule.

予定が空いてます。

確約している約束がないときに使える表現です。逆にスケジュールが埋まっているなら full schedule と表現します。日本人英語学習者が頻繁に用いる My schedule is flexible. はやや違和感がありますので注意しましょう。

I'll be tied up tomorrow.

明日は詰まっています。

be tied up は「縛り付けられている」という意味で、necktie（ネクタイ）に縛られて動けない様子が連想できます。I'm fully booked tomorrow. や I'll be swamped. に言い換え可能！

I'm not available tonight.

今夜は空いていません。

先約があるときに相手に伝える表現です。available は「手が空いている」という意味で、直接的な表現に聞こえる I will be busy. よりも自然な表現となります。「利用可能」を意味する availability も頻出なので覚えておきましょう。

I've got some stuff I need to complete.

片づけないといけない用事があります。

詳細は伝えたくないが相手に時間が割けないときに使える表現です。stuff は不可算名詞、thing は可算名詞です。「やることがあります」と明言する I have some things to do. に言い換え可能！

What are your plans for this weekend?

今週末の予定は何かありますか？

相手の予定を聞くときの定番表現です。オープンクエスチョン（自由に回答できる質問）で質問する際は、相手にとって都合の良いお誘いをするように心がけましょう。

こんなときのこれだけ推しフレーズ

「～後」「～まで」を言いたいとき

I'll be there in 3 minutes.

3分後にそこにいます。

● 「今から～後に」というときは after でなく in。

I'll be back in ten minutes.

10分後に戻ります。

● back の前に right を入れると「すぐに」という意味になります。

I'm available until 4:00 P.M.

午後4時までは時間があります。

● until は「その時間までずっと」というニュアンス。

I'll call you back later.

後で電話をかけ直しますね。

● 急な電話をもらってその場では対応できないとき。

知って納得の一生モノ知識

scheduleの発音は要注意! アメリカ英語では [skédʒuːl] となり、イギリス英語では [ʃédjuːl] となります。忙しさを強調する形容詞は busy 以外にも heavy（過密な）や tight（ぎっしり詰まった）、demanding（過酷な）などで修飾できます。予定していたスケジュールよりも進んでいる場合は ahead of schedule、遅れている場合は behind schedule、予定通りに進行している場合は on schedule と言います。そして schedule は「予定する」という意味で The Tokyo Olympics were scheduled for 2020. のように動詞形で使うこともできます。忙しい合間を縫って時間を作ってくれた人に対しては Thank you for taking time out of your busy schedule. と言うこともお忘れなく!

25

🎧**Track 25**

記憶・忘却を
表現する

STEP ❶ グローカルマインドをおさえる

「記憶」や「思い出」に関する表現を覚えると、相手も会話の幅を広げやすくなります。例えば、「砂糖を見るとアメリカで食べた甘いお菓子を思い出すよ」と言えば、「どんなものを食べたの？」と聞きたくなります。普段から「思い出」の引き出しを増やしておきましょう。記憶しようとするのではなく忘れないように心がけると「思い出す作業」が丁寧に行えるようになります。それがリトリーバル・プラクティス（retrieval practice）です。記憶することだけに時間をかけるのではなく思い出す時間を有効に使うこと、ノートを見返すだけではなく、目を瞑って1日の学びを振り返る学習を取り入れてみましょう。

どこかで聞いたことがあります。

That rings a b____.

ヒント 「鐘」

心に留めておきます。

I'll keep that in m_____.

ヒント 「心」という名詞

うっかり忘れました。

It s_____ my mind.

ヒント 「滑る」という動詞

何も頭に浮かんできません。

追い込まれたときの
逃げのフレーズ

Nothing c_____ to mind.

ヒント 「来る、向かう」という動詞

喉まで出かかっています。

It's on the tip of my t_____.

ヒント 「舌」という名詞

That rings a bell.

どこかで聞いたことがあります。

心当たりがあるときに使う表現です。直訳すると ring a bell は「鐘を鳴らす」ですが、「記憶を思い出させる」という意味になります。類似表現の The idea just popped into my head.(ちょうどその考えが頭に浮かびました)も覚えておきましょう。

I'll keep that in mind.

心に留めておきます。

「～を継続して保持する」という意味の keep を用いたカジュアルな表現です。I'll bear that in mind.（気に留めておきます）や I'll make a note of that. や I'll make a mental note of that.（頭にメモしておきます）に言い換え可能。

It slipped my mind.

うっかり忘れました。

slip は、ここでは「～から滑り落ちる」という意味の動詞で、slip one's mind は自分の脳内から滑り落ちてしまいバカなことをしてしまったというときに使うカジュアルな表現です。I lost my train of thought.（何の話をしていたかわからなくなってしまいました）や My mind went blank.（ド忘れしました）という表現も一緒に覚えておきましょう。

Nothing comes to mind.

何も頭に浮かんできません。

何もアイデアが出てこないときに使う表現です。I'm drawing a blank.（頭が真っ白です）やアイデアを求められたときに使う I can't think of anything.（何も思いつかない、何も考えられない）に言い換え可能！

It's on the tip of my tongue.

喉まで出かかっています。

ある言葉や人の名前などを思い出そうとしているときに使います。直訳すると「舌の先端にある」となります。この表現を使うときには相手がある情報を知っているケースが多く、思い出せない気持ちが伝わります。たいてい指でスナップしながらこの表現を使います。

距離を縮める
こんなときのこれだけ推しフレーズ

予定していたことを忘れたとき

I forgot to water the plants.

植物に水をやるのを忘れました。
● water は動詞形で「〜に水をやる」。

I forgot to set an alarm.

アラームをセットするのを忘れました。
●本来やるべきことを忘れたときは forget to do を使います。

I forgot to take my medicine.

薬を飲むのを忘れました。
● forget taking... とすると「薬を飲んだことを忘れた」という記憶喪失の意味になります。

I completely forgot to make a reservation.

予約をするのを完全に忘れていました。
●副詞 completely で強調している表現。make a reservation は「予約をする」。

知って納得の一生モノ知識

覚えるよりも思い出す？ 最新の脳科学の研究で明らかになった「記憶する時間」よりも「思い出す時間」のほうが定着につながるというリトリーバル・プラクティス（retrieval practice）というものがあります。英語学習においても自分にあった記憶術を実践することが重要です。「記憶」に関連する英語表現は数多く存在し、お馴染みの単語は、記憶している状態や過去のことを思い出すことを意味する remember、テスト直前や詰め込むときに使う memorize、努力して思い出す、記憶を呼び起こすという意味の recall などがあります。

Track 26
秘密・約束を伝える

STEP ❶ グローカルマインドをおさえる

信頼関係を築く上で自分のことを曝け出す、相手の秘密を引き出すことも時には「調和した関係や親近感」を意味するラポール構築のきっかけとなります。秘密を絶対に打ち明かさないことを日本語では「墓（場）まで持っていく」と言いますが、実は英語にも I will take your secret to the grave. という同様の表現が存在します。また、もしある秘密を誤って漏らししまったときには You didn't hear this from me.（聞かなかったことにしてくれ）なんていう表現もあります。国境を越えて秘密話ができる表現を学んでいきましょう。

STEP ❷ グローカル英語のキホン

秘密にしておきます。

秘密を漏らさない約束の表現

My l_____ are sealed.

ヒント 「唇に封をする」ということ

これはオフレコでお願いします。

秘密の話はこの表現で

This is off the r_____.

ヒント 「記録に残さない」という意味

大事な話があります。

I have something i_____ to tell you.

ヒント 「重要な」

秘密を漏らさないでください。

Don't let the c____ out of the bag.

ヒント 意外な動物が入ります

ここだけの話だよ。

This is just b_____ you and me.

ヒント 「2人、2つの間」を意味する前置詞

My lips are sealed.

秘密にしておきます。

直訳すると「私の唇は封じられている」という意味で、秘密にして誰にもしゃべらないことを約束する表現です。類似表現の Your secret is safe with me. に言い換え可能！

This is off the record.

これはオフレコでお願いします。

日本語の「オフレコ」は off the record の略で、「記録しない」ということから、非公開であることを意味する表現です。Please don't tell anyone.（誰にも話さないでください）や This is just between you and me.（これはここだけの話です）に言い換え可能！

I have something important to tell you.

大事な話があります。

何か重大な報告があるときに使う表現です。よりシンプルに I have something to tell you. と言うと深刻度が下がります。

Don't let the cat out of the bag.

秘密を漏らさないでください。

直訳すると「袋からその猫を出すな」となります。子豚を売っていたある商人が猫に入れ替えて顧客を騙そうとしたところ猫が出てきて秘密がバレてしまったのが由来とする説があります。Don't spill the beans.（秘密を漏らさないでください）に言い換え可能！

This is just between you and me.

ここだけの話だよ。

私とあなたの間、つまり秘密の話や噂話をしたいときに使う表現です。between の tw は「2」という語源があり、two（2）、twice（2回）、twin（双子）、twelve（12）、twenty（20）などが仲間です。

こんなときのこれだけ推しフレーズ

絶対してもらいたいとき

Make sure to keep it a secret.

秘密は必ず守ってください。

● make sure to do で「必ず〜してください」。

Make sure not to tell anyone.

絶対誰にも言わないでください。

●「〜しないようにしてください」は make sure not to do です。

Make sure to secure all sensitive documents.

機密文書は安全に保管してください。

● secure は「〜の安全を確保する」という意味。

Make sure to keep this information confidential.

この情報は内密にしてください。

● keep A B で「A を B に保つ」という意味。

知って納得の一生モノ知識

秘密は世界どこでもある! 秘密は個人レベルのものから企業や組織、国家レベルのものまで多岐にわたります。個人レベルの秘密といえば、子ども同士の世間話（gossip）や恋愛話（relationship gossip）、個人の暗証番号（PIN）や給料（salary）の額などがあります。企業秘密は company secret が最も一般的ですが、レストランや製造会社などでの秘密のレシピやデザイン、マニュアルなどは trade secret と呼ばれます。これらの秘密が明かされてしまうとビジネスを成り立たせるのが難しくなるため、disclose（〜を暴露する）の名詞形である disclosure を用いた non-disclosure agreement（秘密保持契約）の頭字語である NDA と呼ばれる情報流出を防ぐために締結される契約が存在します。

🎧 Track 27
質問する

STEP ❶ グローカルマインドをおさえる

初対面の相手に対して大切なのは相手の話に耳を傾けること、端的に自分を表現すること、そして相手に質問することです。グローバルコミュニケーションでは質問する力が重要で、自分と相手の共通点を引き出す役割を果たします。相手の感情に寄り添った質問をして、相手に関心を持ち共感することで初めて他者と繋がることができます。ここではカジュアルな質問の仕方からプレゼンテーションの場で使える表現を紹介します。

STEP ❷ グローカル英語のキホン

短いから
覚えやすい

割り込んでしまい申し訳ございません。

Sorry to c____ in.

ヒント 直訳は「切る」

あなたのアイデアについて詳しく教えてくれますか？

Can you e_____ on your idea?

ヒント e（外に）＋lab（働く）という語源

ちょっと質問してもいいですか？

Can I ask a q_____ question?

ヒント 形容詞の「素早い」

何か質問やコメントはありますか？

A____ questions or comments?

ヒント Are there... と考えればわかりやすいです

質問攻めしてごめんなさい。

Sorry for b_____ you with so many questions.

ヒント 「砲爆撃」の動詞形

STEP ❸ 英語を確認してみよう

Sorry to cut in.
割り込んでしまい申し訳ございません。

相手が会話をしているときにどうしても伝えたいことや質問したいことがあるときに使う表現です。同じような表現に Sorry to jump in. や Sorry to interrupt. があります。

Can you elaborate on your idea?
あなたのアイデアについて詳しく教えてくれますか？

さらに詳細を尋ねるときに使える表現です。形容詞形で「入念な」という意味がある elaborate は、動詞形で「話などを補足して詳しく述べる」という意味になります。

Can I ask a quick question?
ちょっと質問してもいいですか？

何か気になることがある場合に短い時間で質問をしたいときに使う表現です。やや強めの表現で何かをさせてほしいときに使う Let me ask you a quick question. やカジュアルな Can I ask a question real quick? に言い換え可能！

Any questions or comments?
何か質問やコメントはありますか？

自分が一方的に情報を伝えたり、プレゼンテーションをしたりした後にする表現です。Are there が省略されています。Any concerns? や Anything I can clarify? に言い換えて相手の懸念点を聞き出すときにも使えます。

Sorry for bombarding you with so many questions.
質問攻めしてごめんなさい。

質問を繰り返してしまったときに使うお詫びの表現です。bombard には「砲爆撃」という意味から「質問などを浴びせる」という意味があり、「質問攻め」という日本語に適訳です。

距離を縮める
こんなときのこれだけ推しフレーズ

「〜はありますか？」を言いたいとき

Could you tell me where the restroom is?

お手洗いはどこにありますか？

● トイレは toilet という直接的な表現より restroom を使用するのが普通。

Is there anything I can help with?

お手伝いできることはありますか？

● よりカジュアルに表現する場合は Is there の省略も可。

Do you have a moment to talk?

少しお話しする時間はありますか？

● moment は「瞬間、少しの時間」の意味。

Do you happen to have scissors?

もしかしてハサミ持ってたりしますか？

● happen to do で「たまたま〜している」の意味。

知って納得の一生モノ知識

相手に質問をするスキルは超重要！ 自分のことを伝えることができても、質問して相手から話を引き出すことができなければ会話は成立しません。また、日本の学校教育では授業中の質問は和を乱すと考えられていた時代がありますが、今は探究的な学び（inquisitive learning）が主流になっています。inquisitive は「研究好きな、知識欲のある」という意味で in（中に）＋ quis（求める）という語源があり、question（質問）と同語源です。他にも request（要求）は re（再び）＋ quest（求める）、require（要求する）は re（強調）＋ quire（求める）と、同じ語源の単語が多く存在します。

28

🎧 **Track 28**
確認・許可を取る

STEP ❶ グローカルマインドをおさえる

異なるバックグラウンドを持つ他者とのインタラクションの中では認識の違いが必ず生じます。信じられない誤解がトラブルに発展することもあるため、こちらが認識している事実や価値観を確認する必要があります。相手が自分と違う意見を持っていることを認め、自分の考えを客観視することで対等なコミュニケーションが始まります。相手の理解を確認したり、相手に許可を取ったりすることは敬意を示すことにも繋がります。同じステージに立っていることを確認すると、必然的にコミュニケーションが生まれて人間関係も深まります。

もちろん、いいですよ。

S_____ thing.

ヒント 「確かな」という形容詞

ちょっと失礼してもいいですか?

E_____ me for a moment.

ヒント 食事中に席を外したいときの婉曲表現

チームにもう1回確認させてください。

Let me d_____-c_____ with the team.

ヒント 直訳すると「2倍チェック」

私の話についてきていますか?

Are you w_____ me?

ヒント 「同伴」を意味する前置詞

同じ認識ですよね?

Are we on the same p_____?

ヒント ノートを開いて認識を合わせるイメージ

Sure thing.

もちろん、いいですよ。

同意や確認などに対してポジティブな返答を示す表現。友人や同僚、家族など親しい関係の人との間柄で使います。Of course. や Certainly. に言い換え可能！

Excuse me for a moment.

ちょっと失礼してもいいですか？

例えば食事中にお手洗いに行きたいときに Can I go to the toilet? と言ってしまうことがありますが、この婉曲表現を使うことで遠回しに用事があることを伝えることができます。ちなみに、excuse には「～を許す」という意味のほかに名詞で「言い訳」という意味もあります。

Let me double-check with the team.

チームにもう1回確認させてください。

let me... は何かをさせてほしいときに使う使役動詞を用いた表現です。double-check は「再確認する」という意味で、ここでは決断に迫られているため、仕事のチームに持ち帰って再度確認したいというニュアンスが伝わります。

Are you with me?

私の話についてきていますか？

やや上から目線の表現であり、大学の授業でも教授が難しい話をしたときにこの問いかけをします。物理的に一緒にいるという意味ではありません。より堅い表現の Do you understand what I am talking about/saying? に言い換え可能！

Are we on the same page?

同じ認識ですよね？

be on the same page は「共通認識」という意味があり、同じ理解や考えを持っているということになります。似たようなフレーズに「正しい方向に向かっていること」を意味する We are on the right track.（われわれは順調にいっています）があります。

こんなときのこれだけ推しフレーズ

やや強めの表現で確認させてほしいとき

Let me have a look.

ちょっと見せてください。

● 「私に〜させて」は let me do。

Let me briefly explain.

手短に説明させてください。

● 相手に正しい情報を伝えないといけないときのとっさのひとこと。

Let me know if I'm wrong.

間違っていたら教えてください。

● 「もし〜したら知らせてね」の Let me know if... は便利表現。

Let me clarify my understanding.

私の理解が正しいか、確認させてください。

● clarify は「〜をはっきりさせる」。

知って納得の一生モノ知識

チェックの意外な語源！ 「ミスがなく全てが正しいかどうか調べる」という意味の check は、チェスの最後の詰めで王手をかけること（checkmate）から「食い止める、阻止する」→「突き合わせて照合する」といった意味が生まれました。チェス盤の柄をチェック柄と言います。check はアメリカ英語では「銀行の小切手」「会計の伝票」を意味し、ホテルでは宿泊するときに身分証明の照合をして check in、そして check out しますね。類義語の confirm の語源は con（強調）＋ firm（堅い）から、「真実であることや証拠などを確かめる」となります。名詞形の confirmation（確認）は confirmation button（確認ボタン）で覚えておきましょう。

賛成・反対を伝える

STEP ❶ グローカルマインドをおさえる

日本では感情を出さず和を重んじる文化がありますが、海外の人とのコミュニケーションでははっきりと自分の考えや意見を主張することが求められます。単に賛成したり反対したりするだけでなく、なぜそうなのかについても意識しなければなりません。けんかや対立をすることが目的ではなく、違いを埋め合わせて共に進めていくために、考えを明らかにするのです。協働することが目的で、意見の主張は手段です。手段と目的を間違えると、分断しか生まれません。

STEP ❷ グローカル英語のキホン

私もそうです。

Me too. よりも丁寧な表現

So d____ I.

ヒント 「代動詞」が入ります

ですよね？

そうそう、それそれというニュアンス

I k_____, right?

ヒント 強い同意を表すとき

あなたの意味することはわかります。

I see what you m_____.

ヒント 「意味する」の動詞

意見の違いということにしておきましょう。

Let's a_____ to disagree.

ヒント 「同意する」の動詞

そういう考えもあるかもね。

That's one way of l_____ at it.

ヒント 直訳は「見ること」

So do I.

私もそうです。

相手の発言に対して同意するときに使う倒置表現です。相手の発言が否定文だったなら、Neither を用いて Neither do I. となります。相手の発言で使われていた動詞によって do が am / will / can などに変化します。

I know, right?

ですよね？

この表現は相手が共感してくれたときに高頻出で使うカジュアルな表現です。相手が正しいと感じたときには You're right.（その通り）と表現できます。共感を表すさまざまな表現として他にも Same here.、I'm with you.、I feel the same way. などに言い換え可能！

I see what you mean.

あなたの意味することはわかります。

相手の意図することは理解できるという共感の表現です。動詞部分を替えて I understand what you mean.、もしくはよりシンプルに I see your point. に言い換え可能！

Let's agree to disagree.

意見の違いということにしておきましょう。

直訳すると agree to disagree（不一致に同意する）となりますが、自分の意見が相手の意見とは異なることを認めるときに使える表現です。決着がつかない議論を締めくくるときなどに使えます。

That's one way of looking at it.

そういう考えもあるかもね。

遠回しに自分の考えとは違うことを伝える表現です。「〜を見る」という意味の look at は物事の見方や価値観について表現することも可能です。one way は「1つの方法」、つまり物事を考えるうえでの側面の1つということです。

距離を縮める

こんなときのこれだけ推しフレーズ

はっきりと意見の違いを伝えたいとき

That's not true.

そんなことはありません。

● かなり強い表現です。

That's not always the case.

いつもそうと限らないです。

● 少し遠回しに反対を伝える表現。be the case で「事実である。本当である」の意味。

はっきりと同じ立場だと伝えたいとき

You can say that again.

まったくその通りだよ。

● Exactly. や I totally agree. に言い換え可能。

I can relate to that.

わかるわ、それ。

● 心から共感できるときの表現。

知って納得の一生モノ知識

一人称は要注意! 賛否両論の議論で重要なこと、それは同じ土俵に立ち対等に議論を進めることです。主観的な（subjective）表現や個人の感想だけでなく、客観的な（objective）データやエビデンスを用いて主張をすることが求められます。自分の意見を言うときには、口語でも文語でも、一人称の I から始まる表現は主観的になってしまうため、客観性の高い表現を身につけておく必要があります。例えば「観点」という意味の perspective を用いて from a commercial perspective（商業的な観点から）や from an educational perspective（教育的な観点から）のように言えば、特定の分野の視点から語ることができます。賛否両論の議論をする上で必要な英語表現を身につけていきましょう。

🎧 **Track 30**
議論・協働する

STEP ❶ グローカルマインドをおさえる

島国の日本では、多様な背景を持った人々と議論・協働する機会が限られており、言葉にしなくても理解し、「空気」を読まなければなりません。グローバルコミュニケーションにおいては自分の立ち位置を明確にし、相手と意思疎通を図り、世界の課題に立ち向かっていく必要があります。日本に根づいている助け合いの精神や人に迷惑をかけないという文化にはもちろん尊い面がありますが、これからの共創社会では多様性を受け入れてしっかりと話し合い、協働していくスキルが求められます。自分の主張をするとき、相手と意見を交わすとき、問いただすときに使える表現を紹介します。

STEP ❷ グローカル英語のキホン

まずはここを明確にしましょう。

Let's get this c_____ first.

ヒント 「視界がはっきりとして明白な」という形容詞

型にとらわれず考えましょう。

創造力が
高まるフレーズ

Let's think o_____ the box.

ヒント 前置詞の「外に」

短い振り返りをしましょう。

Let's do a quick r_____.

ヒント 「要約」という語を縮めて使います

これについてあなたの見解はどうですか?

What are your t_____ on this?

ヒント think の名詞形

これのメリットとデメリットは何ですか?

What are the p_____ and c_____ of this?

ヒント 「良い点と悪い点」を意味する表現

Let's get this clear first.

まずはここを明確にしましょう。

お互いに不明瞭なことを明確にしてから議論を始めたいときに使えるやや強引な表現です。
Let me clarify. や Let me get this clear. は「相手にわかりやすいように自分の意見を明確にする」
という表現です。また「事実関係をはっきりさせる」という意味の get the record straight と
いうイディオムも覚えておきましょう。

Let's think outside the box.

型にとらわれず考えましょう。

仲間に対して独創性を求めるときに使える表現です。think outside the box や think out of the
box は「常識に捉われず考える」という意味で、「独創的に考える人」を out-of-the-box thinker
と呼びます。Let's be creative. と同じ意味です。

Let's do a quick recap.

短い振り返りをしましょう。

振り返りを提案するときの表現です。recap は、「要点を繰り返す」という意味の recapitulate や
その名詞形 recapitulation の省略形で、協働した後の振り返りのタイミングでよく使う表現です。
Let's collect our thoughts. という表現も覚えておきましょう。

What are your thoughts on this?

これについてあなたの見解はどうですか？

相手の考えを引き出すときの表現です。thought は think の名詞形で「思考、意見、見解」を意
味し、通常複数形で使います。What do you think about this? や What's your perspective? に
言い換え可能！

What are the pros and cons of this?

これのメリットとデメリットは何ですか？

議論における賛否を尋ねるときに使える表現です。pros and cons はメリットデメリットを意
味する表現で、よりフォーマルな advantages / disadvantages や positive / negative aspects
などに言い換え可能！

こんなときのこれだけ推しフレーズ

仕切り直したいとき

Let's get back on track.

本題に戻りましょう。

●話題が大きく逸れてしまったときの仕切り直し表現。

Let's keep an open mind.

心を開いて考えましょう。

●固定観念を捨ててアイデアを議論するときの表現。

相手の気持ちをほぐしたいとき

I'm open to questions.

質問を受け付けています。

● be open to で「〜を広く受け付ける」の意味。

I'm open to suggestions.

私の計画に関する提案を受け入れます。

●会議やグループディスカッションでの便利表現。

知って納得の一生モノ知識

議論は喧嘩じゃない！　社会貢献度の高い活動につなげたいという
マインドセットを持って議論することが、たとえぶつかり合っても
より良い結果を生み出します。議論・協働の英語表現を見てみる
と、discussion は「良い結果を生むために意見交換をする話し合い」、
dispute は「異論を唱えて論争する」、さらに dia（2人の）＋ log（言葉）
という語源の dialog は「面と向かい合って行う深い対話」となり
ます。collaboration の語源は co（共に）＋ labor（働く）ことから「協
力、協働」を意味します。laboratory も labor（働く）＋ ry（場所）
が合わさった同じ語源の仲間です。

自分が感じていることを
伝える体験を増やそう

語学を学んでいる人なら誰もが留学生活に憧れを抱くでしょう。僕も高校生のとき、気持ちが抑えきれなくなり、両親にせがんで1カ月間のホームステイに行かせてもらえることになったのです。夢にまで見た海外生活だったので、舞い上がった気持ちのまま、夫婦と2歳の娘さんが住むオーストラリアの一軒家に向かいました。

到着して家のルールを説明されるやいなや、僕の顔はみるみると青ざめていきました。「トイレットペーパーは自分で用意すること」「シャワーは5分以内」「冷蔵庫は使用禁止」「18時以降は自分の部屋から外出禁止」。まるで囚人のような生活を強いられることになったのです。

それでもホストファミリーと仲良くなろうと英語でたくさん話しかけました。しかし、何を言っても返ってくるのは「No.」だけです。夕食も粗末なものしか作ってもらえず、しかも自分だけが立ったままで食べさせられました。悔しかったのですが、そのときは我慢して食べ物を飲み込むことしかできず、そんな僕の様子を見てホストファミリーは笑っていたのです。You are naughty.（お前は悪ガキだ）とまで言われました。

そんな状態で3週間以上が過ぎたところ、通っていた語学学校で出会った大学生の先輩が見かねて、「しっかり抗議した方がいい」と言ってくださいました。

意を決して、自分がどうしてホームステイをしに来たのかを伝え、なぜこんなひどいことをするのかと聞いたのです。ホストファミリーは虚を突かれたように最初は固まった様子でしたが、「日本人に偏見を持っていた」と打ち明けたのです。以前受け入れた日本人の態度が悪かったと言っていました。

お互いの顔から笑顔が出たころには、次の日の朝を迎えていました。ちょうど帰国3日前のことでした。

しかしここから帰国までの時間は、思い描いていたようなホームステイ生活を送ることができたのです。車に乗せてもらって観光したり、ゴルフを楽しんだり、初めて家族全員で食事を楽しんだりすることもできました。

地元山梨で英語塾を開設したのは、その直後のことでした。

もしあの時、何も言えないまま帰国していたら、英語塾を作ることはなかったでしょうし、ピアソンからアジアNo.1英語教師と称されることもなかったはずです。英語を学ぶこともやめてしまったでしょう。

勇気は要りますが、自分の気持ちを伝えるだけで人生が変わることがあるのです。

グローカルマインド

Part

3

社会軸

　私たちが生まれた日本とは、日本の文化とは、何でしょうか。それらがどういう歴史を経て生まれ、いまにいたるのでしょうか。それを理解するには外の世界の「いま」と「歴史」を知ることも必要です。世界では、いま何が語られているでしょうか。AIの進歩、インフレ、戦争、飢餓、差別、水害……こうした出来事は何が原因で引き起こされているのでしょうか。海外では、こうした問題一つひとつにあなた自身の意見が求められます。そして、たとえ遠くの地域で起きている出来事でも、自分事のように語れる人はリスペクトされます。「他者軸」と同様に「社会軸」の理解が人間関係を深め、そこで初めて言語が意味を持つようになるのです。

31

芸術・音楽を語る

STEP ❶ グローカルマインドをおさえる

芸術や音楽は、言語の壁を超えて世界中の人々と繋がることができる最良ツールです。ゆえに、芸術や音楽に関心があるかどうかでコミュニケーションが決まります。ベートーヴェンなどの古典作品や、YOASOBIなどの最新トレンドをたしなむ時間を作っておくことをおすすめします。みなさんが海外に行った際も現地での楽しみが増すでしょう。私もアメリカのMuseum of Fine Arts Bostonで見た日本の葛飾北斎の浮世絵作品に感銘を受けました。海外のものを知ることで、自国の素晴らしさを再認識できることもグローバル経験の醍醐味です。

STEP ❷ グローカル英語のキホン

大英博物館には800万点のコレクションが収蔵されています。

**The British Museum h_____ a collection
of 8 million objects.**

ヒント 直訳は「家」だが、ここには動詞が入る

ルーヴル美術館は世界で最も価値のある芸術作品の宝庫です。

**The Louvre Museum is h_____ to the
world's most priceless artworks.**

ヒント これも直訳は「家」だが、ここには名詞が入る

ベートーヴェンと言えば、「エリーゼのために」が一番好きです。

**W_____ it comes to Beethoven,
"Für Elise" is my favorite.**

ヒント 「〜するとき」を表す接続詞

モーツァルトは600曲以上のクラシック音楽を作曲しました。

**Mozart composed over 600 pieces of
c_____ music.**

ヒント 「古典の」という形容詞

クロード・モネは印象派の巨匠と言われています。

**Claude Monet is said to be the
M_____ of Impressionism.**

ヒント 「極めた者」

The British Museum houses a collection of 8 million objects.

大英博物館には 800 万点のコレクションが収蔵されています。

「家」を表す house は動詞としては「住宅を提供して人を家の中に入れて泊める」という意味となり、そこから人以外にもモノや動物を収容するという意味でも使われるようになりました。

The Louvre Museum is home to the world's most priceless artworks.

ルーヴル美術館は世界で最も価値のある芸術作品の宝庫です。

フランスを代表するルーヴル美術館に関する表現です。be home to で、特定のモノがある場所に存在していることを表し、地理的な場所だけでなく、抽象的なモノにも使います。

When it comes to Beethoven, "Für Elise" is my favorite.

ベートーヴェンと言えば、「エリーゼのために」が一番好きです。

好きな音楽を描写するときに使える表現です。when it comes to A は「A に関して言えば」という意味で、話題を展開するときに使います。

Mozart composed over 600 pieces of classical music.

モーツァルトは 600 曲以上のクラシック音楽を作曲しました。

オーストリアの作曲家であるモーツァルトに関する表現です。compose の語源は com（共に）＋ pose（置く）。create や craft に言い換え可能！

Claude Monet is said to be the Master of Impressionism.

クロード・モネは印象派の巨匠と言われています。

19 世紀後半のフランス・パリで起こった芸術運動である印象派を代表するクロード・モネ。be said to be は受動態で「～と言われている」という客観性の高い表現です。「～と考えられている」という意味の be considered to be に応用可能！

距離を縮める
これだけキーワード

音楽家

バッハ	Bach
モーツァルト	Mozart
ベートーヴェン	Beethoven
シューベルト	Schubert
ショパン	Chopin
ワーグナー	Wagner

ジャンル

油絵	oil painting
水彩画	watercolor painting
抽象画	abstract painting
風景画	landscape painting
クラシック音楽	classical music

美術家

ミケランジェロ	Michelangelo
ラファエロ	Raphael
レンブラント	Rembrandt
ゴッホ	van Gogh
ピカソ	Picasso

発音注意

ルーヴル美術館	The Louvre
バレエ	ballet
ウィーン	Vienna

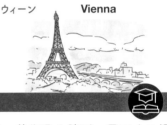

知って納得の一生モノ知識

ミュージアムとギャラリーの違いは？ 美術品を陳列・展示する場所という意味のgallery（画廊）は、貴族の邸宅の一部である屋根裏部屋で絵画を公開して販売したことが起源であるという説があります。museum は「美術館」や「博物館」という意味ですが、muse（凝視する）が語源です。見て楽しむ art museum（美術館）や musical（ミュージカル）、amusement（娯楽）、そして music（音楽）も元々はミュージカルから生まれた音を楽しむことと解釈できます。そのため museum は歴史的なものやアンティークを収集・保存し陳列して見せること、gallery は展示しながらも販売することにも主軸に置いているという違いがあります。

Museum & Arts
一覧で覚える世界の美術館・劇場・オーケストラ

Berlin Philharmoniker
ベルリン・フィルハーモニー管弦楽団
（ドイツ）

Royal Concertgebouw Orchestra
ロイヤル・コンセルトへボウ管弦楽団（オランダ）

British Museum
大英博物館（イギリス）

Louvre Museum
ルーヴル美術館（フランス）

Paris Opera
オペラ座（フランス）

Prado Museum
プラド美術館（スペイン）

Teatro alla Scala
ミラノ・スカラ座（イタリア）

Vienna Philharmonic
ウィーン・フィルハーモニー管弦楽団
（オーストリア）

　人間史が始まってから、芸術は文明の尺度を表してきました。音楽・絵画・陶芸・彫刻・文芸・演劇・庭園など創作・表現する活動は、AI 時代にも代替できない役割を果たすと言われています。「芸術」に関する関心があるかないかで、世界の楽しみ方が変わるといってもいいでしょう。

　また、教養としての芸術鑑賞に加えて、「美しいものを見て美しいと感じる」心の余裕を持つことも大切です。そうした余裕がない

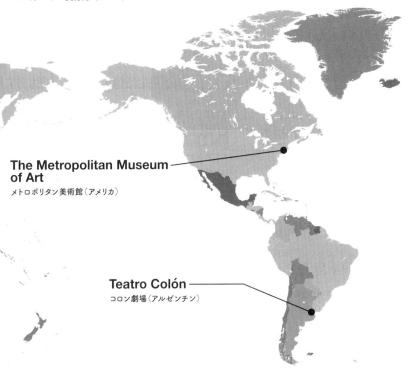

Hermitage Museum
エルミタージュ美術館（ロシア）

The Metropolitan Museum of Art
メトロポリタン美術館（アメリカ）

Teatro Colón
コロン劇場（アルゼンチン）

ときは他人からの好意も見過ごしている可能性があります。自分の芸術的感覚を磨くためにも世界の芸術に目を向けて、自分なりの解釈をして、自分の気持ちや想いを表現するようにしましょう。言語以外の学びが、表現方法の肥やしになることがあるのです。ここでは世界的なアートの施設を紹介していますので、近くに旅行された際はぜひ訪れてみてください。

言語・文学を語る

STEP ❶ グローカルマインドをおさえる

日本では古文や漢文、松尾芭蕉の俳句などを学校で学びます。イギリスではラテン語を学び、シェイクスピア作品を学びます。世界的に評価された文学作品に触れることを習慣化してみましょう。例えば、「大河ドラマのテーマに合わせて今年は『源氏物語』に触れてみよう」といったきっかけを自分で作ってみてください。文学と同様に重要なのが言語です。日本では第2外国語を学ぶことは稀ですが、海外では2〜3言語を操る人も多く、特に複言語主義のヨーロッパでは言語を切り替えて会話をする光景が日常茶飯事です。英語だけでなく、自分の興味のある他の言語を学び、文化を知り、世界と繋がりましょう。

『源氏物語』は日本最古の長編小説です。

"The T_____ of Genji" is the oldest novel in Japanese literature.

ヒント 物語を指す名詞

シェイクスピアは39の戯曲と154のソネットを書きました。

Shakespeare wrote 39 p_____ and 154 sonnets.

ヒント 動詞としては「遊ぶ」の意味を持つ

グーテンベルクの印刷機によって本の大量生産が可能となりました。

The Gutenberg's printing press allowed books to be m_____-p_____.

ヒント 「〜を大量に生産する」という動詞の過去分詞

人工語と言えばエスペラント語が一番有名です。

Speaking of a_____ languages, Esperanto is the most famous.

ヒント 「人工の」という形容詞

村上春樹はノーベル文学賞に値します。

Haruki Murakami deserves the Nobel Prize in L_____.

ヒント 「文学」という名詞

"The Tale of Genji" is the oldest novel in Japanese literature.

『源氏物語』は日本最古の長編小説です。

1000年以上前に書かれた源氏物語。tale は「物語」を意味し、fairy tale（おとぎ話）はお馴染みですね。the oldest novel は比較の最上級で日本文学の中で最も古い小説であることを意味します。

Shakespeare wrote 39 plays and 154 sonnets.

シェイクスピアは39の戯曲と154のソネットを書きました。

イギリスの劇作家、詩人シェイクスピアに関する表現です。戯曲とは演劇の台本の形式で書かれた文芸作品を意味します。ソネットは抒情詩のこと。

The Gutenberg's printing press allowed books to be mass-produced.

グーテンベルクの印刷機によって本の大量生産が可能となりました。

15世紀のドイツの発明家であるグーテンベルクの活版印刷技術に関する表現です。「〜することを可能にする」という意味の allow を用いることで無生物主語にすることができます。

Speaking of artificial languages, Esperanto is the most famous.

人工語と言えばエスペラント語が一番有名です。

エスペラント語はポーランドの眼科医ルドヴィコ・ザメンホフによって考案された人工言語です。artificial は「人工の」を意味し、artificial turf（人工芝）や artificial intelligence（人工知能）がお馴染みです。

Haruki Murakami deserves the Nobel Prize in Literature.

村上春樹はノーベル文学賞に値します。

日本を代表する作家、村上春樹に関する表現です。deserve は「報酬や評価を受けるに値する」という意味があり、ポジティブなことだけでなく罰を受けるなどのネガティブなことにも使います。

言語学者

ノーム・チョムスキー
Noam Chomsky
米国の言語学者。「生成文法」理論で知られる。

フェルディナン・ド・ソシュール
Ferdinand de Saussure
スイスの言語学者。近代言語学の父と呼ばれる。

キーワード

生成文法
generative grammar
チョムスキーなどによって提唱された言語論。

記号学・記号論
semiotics
ソシュールなどによって導かれた記号の意味・関連を研究する学問。

構造主義
structuralism
人間の社会・文化を形づけている構造を研究する学問。

押さえておきたい言語

古英語
Old English
450〜1100年あたりまでイングランドで使われていた。

中期英語
Middle English
1100〜1500年あたりに使われていた英語。

ラテン語
Latin
古代ローマの言語で、多くのヨーロッパ言語の基盤。

インドヨーロッパ語族
Indo-European languages
言語学上は存在したとされる諸言語の祖先言語モデル。

サンスクリット語
Sanskrit
古代インドの言語で、多くのインド言語の起源。

エスペラント語
Esperanto
国際コミュニケーションを目的とした人工言語。

知って納得の一生モノ知識

世界には何言語ある? 世界には約7000語の言語があると言われています。第一言語として最も話されている言語は人口に比例して中国語(Chinese)です。2番目のスペイン語(Spanish)が最も話されているのはスペインではなくメキシコです。意外にも3番目の言語が英語(English)ですが、第二言語として話す人の数は英語が世界一です。続いてアラビア語(Arabic)、ヒンディー語(Hindi)、ベンガル語(Bengali)、ポルトガル語(Portuguese)、ロシア語(Russian)、そして日本語は世界トップ10位に入っていますが、急激な人口減少のため日本語話者はどんどん減っていくと言われています。

🎧 **Track 33**
能力・教育を語る

STEP ❶ グローカルマインドをおさえる

世界では、多様な能力や背景を持つ子どもたちが学校に通いともに学ぶインクルーシブ教育が主流になっています。私が留学していたロンドン大学でも視覚障がいのある学生が大学職員の付き添いを得て授業を受けている光景が当たり前でした。人種や宗教、障がいや才能を超えて互いに学び合う環境がこれからの教育には求められています。人間の能力や、世界の教育を語る上で重要な英語表現を紹介します。

STEP ❷ グローカル英語のキホン

筆は剣よりも強し（ことわざ）

The pen is m_____ than the sword.

ヒント 「力強い」という形容詞の比較級

世界人口の10％は学習障がいがあると言われています。

It's said that learning d_____ affect 10% of the world's population.

ヒント 「障がい」を意味する名詞の複数形

世界では7億人以上の人が読み書きできません。

More than 700 million people in the world are i_____.

ヒント 「読み書きできない」という形容詞

教師は自閉症についての研修を受けるべきです。

Teachers should receive a_____ training.

ヒント 「自閉症」という名詞

MOOCsは現代の教育のあり方に革命を起こしました。

MOOCs have r_____ the landscape of modern education.

ヒント 「～に革命を起こす」という動詞

The pen is mightier than the sword.

筆は剣よりも強し（ことわざ）

言葉が暴力よりも影響力があるという意味の比喩的表現です。比較級の er + than を用いて「剣（物理的力や暴力）」よりも「筆（書かれた言葉やアイデア）」の方が強靭であることを意味します。

It's said that learning disabilities affect 10% of the world's population.

世界人口の10％は学習障がいがあると言われています。

世界には、私たちが想像する以上に、「聞く」「話す」「読む」「書く」「計算する」「推論する」などが困難な方がいて、各々が学びやすい環境を整えるべきだとする考えがスタンダードです。関連表現として「障がいを持つ人」を意味する people who are disabledという表現も覚えておきましょう。

More than 700 million people in the world are illiterate.

世界では7億人以上の人が読み書きできません。

liter（文字）という語源がある literate は「読み書きのできる、教養がある」という形容詞で、否定を意味する接頭辞の i が付いた illiterate は「読み書きのできない」という意味です。

Teachers should receive autism training.

教師は自閉症についての研修を受けるべきです。

教師の研修内容に関する表現です。ギリシャ語由来の autism は aut（自己）+ ism（状態）を意味し、自己完結的な精神状態を指します。

MOOCs have revolutionized the landscape of modern education.

MOOCs は現代の教育のあり方に革命を起こしました。

MOOCs は大学が無料で提供するオンライン授業のこと。revolutionize は revolution（革命）の動詞形で「〜に革命を起こす」という意味になり、「〜を根本的に変える」という意味の transform に言い換え可能！

これだけキーワード

教育キーワード

ユニバーサルデザイン
universal design
年齢や障がいの有無に関係なく
利用できるデザイン

非認知能力
non-cognitive abilities
忍耐力など試験などでは数値化できない能力

ゲーミフィケーション
gamification
課題などをゲーム化させて対応すること

BYOD
Bring Your Own Device
私物の端末を持ってくること

エドテック
edtech
テクノロジーを利用した学びを提供するサービス

リベラルアーツ
liberal arts
幅広い学問を横断的に学ぶこと

ギャップイヤー
gap year
知見を広げるために、
大学入学前にとる猶予期間

ダブルディグリー
double degree
2つの学位が取得できること

知って納得の一生モノ知識

人間の能力を表す英単語はたくさん！ able（可能な）の名詞形である ability は「できること」を意味し、一般的な「能力」や「力量」を意味します。skill は「学習で身につけた能力」、capability は「潜在的能力」、capacity は「度量の広さを表す適性能力」、faculty「生まれつき持っている能力」などがあります。command は「（〜を）自由に操る力」を意味し、I have a good command of Chinese.（中国語を流ちょうに操る能力がある）のように表現できます。「言語運用能力」を意味する表現として language competence も覚えておきましょう。gift（天性の能力）や talent（アートなどの特殊な分野での才能）も重要語です。世界では特別な才能がある児童向けの gifted and talented education も存在します。

@Track 34
食事・文化を語る

STEP ❶ グローカルマインドをおさえる

世界には独特の食文化が存在し、その違いについて学び、受け入れる体制を作っておくことが重要です。ラマダンの時期にマレーシアで旅をしていたとき、断食の後の食事中に左手で食器を持っていた私はひどく叱られる経験をしました。日本では（右利きの場合）左手で茶碗を持つのが基本ですが、イスラム教の世界で左手は汚い手とされ食事で使うべき手ではないとされています。日本の食文化について語るだけでなく、世界の食文化について熟知しておくことは、世界に出ていく上で重要なスキルです。ここでは日本の食文化を語るための表現を紹介します。

日本では米が主食です。

Rice is a s_____ in Japan.

ヒント 「主食」「主要産物」という意味もある名詞

出汁こそが日本料理の味を引き立たせています。

***Dashi* is what gives Japanese c_____ its unique flavor.**

ヒント 「特定の国や地域の料理」を表す名詞

ラーメンは世界的な人気を得ています。

Ramen has g_____ worldwide popularity.

ヒント get よりも堅い類義語

音を立てて麺をすするのは日本の慣習です。

It's customary to s_____ noodles in Japan.

ヒント 「〜すする」という動詞

食べ物の見た目は味と同じくらい重要です。

The a_____ of food is as important as its taste.

ヒント 「外見」という名詞

Rice is a staple in Japan.

日本では米が主食です。

英語では rice ですが、米の文化である日本では「米」「白米」「玄米」「ご飯」「ライス」など多岐にわたる呼び名があります。ここでの staple は「主食」という意味になり、staple food と表現することも可能です。

Dashi is what gives Japanese cuisine its unique flavor.

出汁こそが日本料理の味を引き立たせています。

cuisine は地域や伝統に結びついた料理を意味します。

Ramen has gained worldwide popularity.

ラーメンは世界的な人気を得ています。

「人気になる」は形容詞形の popular を用いた become popular が一般的ですが、ここでは名詞形の popularity を用いた、より高度な gain popularity で表現しています。

It's customary to slurp noodles in Japan.

音を立てて麺をすするのは日本の慣習です。

日本人の食事の慣習に関する表現です。custom は「国や地域の慣習やしきたり」、habit は「個人の癖」を意味します。slurp は「すする」という意味で日本特有の食べ方です。国ごとの慣習を紹介する際には In Spain, it's customary to enjoy a siesta.（スペインではシエスタ（昼寝）をとるのが慣習です）のように応用可能！

The appearance of food is as important as its taste.

食べ物の見た目は味と同じくらい重要です。

同等比較の〈as ＋形容詞＋ as〉を用いた表現です。noodle はラーメンだけでなく「うどん」や「蕎麦」のことも指します。

距離を縮める

これだけキーワード

delicious以外の美味しい

tasty

terrific

wonderful

awesome

amazing

lovely

味の違いを表す表現

甘い	sweet
しょっぱい	salty
酸っぱい	sour
ピリッとする	zesty
辛い	spicy
味が濃い	strong
あっさりしている	light
コクがある	rich
ジューシーな	juicy
サクサクしている	crispy
やわらかい	tender

知って納得の一生モノ知識

meal と cuisineはどう違う?　food は「食べ物」を表す最も一般的な英単語です。feed（〜に食べ物を与える）はこの動詞形です。朝食（breakfast）、昼食（lunch）、夕食（dinner）など時間と結びついた食事を meal と言い、traditional cuisine（伝統料理）や Japanese cuisine（日本料理）など地域や伝統に結びついた料理を cuisine と言います。そして vegetarian dish（野菜のみを使用した料理）など、特別な方法で調理された食事は dish、規定食や制限食などの食事を diet と言います。

Food 一覧で覚える 食事の国際ルール

　人間関係が深まれば、食事をともにする機会が出てくるのが自然です。異なる文化的背景をもつ人々と食事をするとなれば、日本人同士の食事では必要のなかった配慮が求められることもあります。特にイスラム教やヒンドゥー教の人々と食事に行く際は、肉について厳格な基準があるため意識が必要です。日本国内のレストランでは基準を満たすお店が少ないため、可能であれば事前に相談することをおすすめします。また、彼らが食べない食材をこちらも食べないようにするほうがベターです。

　宗教とは別に、ベジタリアンへの配慮も忘れてはなりません。健康意識だけでなく、動物愛護や環境保全意識の高まりから菜食主義（vegetarianism）を実践する人も増えています。ひと言でベジタリアンといっても、肉は食べないが魚は食べるペスコベジタリアン（pescatarian）、必要に応じて肉も魚も食べるセミベジタリアン（flexitarian）、肉や魚に加えて卵製品や乳製品、動物性由来の食材も一切摂らないビーガン（vegan）まで幅広く存在します。ビーガンは蜂蜜なども避けるため最も厳格なベジタリアンとなります。

グローバルおもてなしポイント

	イスラム教	キリスト教	ヒンドゥー教	仏教	ユダヤ教
肉	**豚肉×** それ以外の肉も基本はハラルミートに限る	○	**牛肉×** 豚肉も基本×	△ 宗派による	**コーシャ** 聖書に基づいた、ユダヤ教徒が食べてもよいもの **の肉のみ可**
卵	○ もうきん 猛禽類は×	○	宗派による	△ 宗派による	**コーシャの鳥類の卵のみ可**
魚	○	○	宗派による	△ 宗派による	**ひれと鱗のある魚は可**
乳製品	△	○	○	△ 宗派による	**肉と一緒に食してはならない**
飲酒	×	△ 宗派による	△ 宗派による	△ 宗派による	○

表は大まかな分類であり、実際は個人・宗派によって異なる

35

🎧Track 35
スポーツを語る

STEP ❶ グローカルマインドをおさえる

世界共通の話題として盛り上がるのがスポーツと健康です。有名な
スポーツ選手の話題や、ワールドカップの結果などは国籍を越えて
盛り上がる話題でしょう。多国籍集団に囲まれて実際にプレーする
こともおすすめです。マラソンや球技などの趣味を持ち、実際に体
を動かすことで、言語がつたなくても気持ちが繋がり合うことがで
きます。日本だけでなく世界のスポーツの話題（有名選手や地元の
チームなど）についても表現できるようにしておきましょう。

メジャーリーグへの道を切り開いた日本人は野茂英雄です。

Hideo Nomo p_____ the way for Japanese baseball players to enter Major League Baseball.

ヒント「（道を）舗装する」という動詞

オリンピックに政治を持ち込むことは許されません。

Bringing politics into the Olympics is u_____.

ヒント 直訳は「受け入れられない」

昨日の試合は大番狂わせだった（弱小チームが強豪チームを倒した）。

Yesterday's game was a huge u_____.

ヒント「誰も想像できない」という意味の単語

マスターズはプロゴルフの4大メジャー選手権の1つです。

The Masters is one of the four major c_____ in professional golf.

ヒント「選手権」の複数形

相撲においては、横綱には真摯な勝ち方が期待されています。

In sumo wrestling, the yokozuna is expected to win with i_____.

ヒント「誠実さ」

Hideo Nomo paved the way for Japanese baseball players to enter Major League Baseball.

メジャーリーグへの道を切り開いた日本人は野茂英雄です。

pave は「(道路を)舗装する」の意味で、pave the way for は「〜のために道を切り開く」ことを表します。major はカタカナでは「メジャー」と書きますが、実際の発音は「メイジャー」に近いです。

Bringing politics into the Olympics is unacceptable.

オリンピックに政治を持ち込むことは許されません。

近代オリンピックはフランス人のピエール・ド・クーベルタン男爵が提唱し 1896 年に始まりました。基本的には、オリンピックでの政治的、宗教的、人種的な宣伝活動は憲章によって禁止されています。

Yesterday's game was a huge upset.

昨日の試合は大番狂わせだった。

upset は、ワールドカップなどで弱小国が強豪国を倒すような驚くような展開があったときに使える表現です。

The Masters is one of the four major championships in professional golf.

マスターズはプロゴルフの4大メジャー選手権の1つです。

ゴルフの大会に関する表現です。他3つの主要な大会は the U.S. Open、The Open Championship、the PGA Championship です。

In sumo wrestling, the yokozuna is expected to win with integrity.

相撲においては、横綱は真摯な勝ち方が期待されています。

日本の相撲に関する表現です。横綱は grand champion と表現されることもあります。「真摯に」は with integrity で伝わります。integrity は「誠実さ」のことです。

意外に言えないスポーツ単語

深呼吸
deep breaths

体育の授業
P.E. (physical education)

格闘技
martial arts

腕立て伏せ
push-up

陸上
athletics / track and field

腹筋運動
sit-up

体操
gymnastics

前半／後半
**the first half /
the second half**

知って納得の一生モノ知識

意外と知らない筋トレ表現！ ジムで筋トレをする場合には exercise という単語よりも、「体を鍛えるためや健康のためなどの運動」を意味する workout が適切です。名詞として は workout routine（運動をするための毎度行う手順）や After my workout, I usually take a shower.（運動の後は、いつもだいたいシャワーを浴びる）のように使い、動詞としては I work out every day at the gym.（ジムで毎日体を動かします）のように使うことができます。筋トレの際に覚えておきたいのが abdominal muscles の略称で「腹筋」を意味する abs。「腹筋をつけたい」は I want to get abs. と言います。6つに割れた腹筋のことは six-pack abs と表現します。他にも biceps（上腕二頭筋）、triceps（上腕三頭筋）、cardio exercise（有酸素運動）なども覚えておくと便利でしょう。

🎧 Track 36
旅行・名所を語る

STEP ❶ グローカルマインドをおさえる

日本の世界地図では日本列島が中心に位置していますが、当然ながらグローバルな世界地図は全く異なります。西欧の地図を見ると、日本は右の端っこに位置しています（だから極東、far east と呼ばれます）。世界の視点を理解することで、客観的に日本の存在感（もしくは魅力）を再認識できるようになります。交通に目を向けても面白いです。何気なく見ている新宿駅は乗降客数が世界一とギネス認定を受けています。いっぽう、ベトナムではモーターバイクが主要な交通手段ですので、日本では見られない数のバイクが走っています。世界を旅して新しい価値観を手に入れましょう。

郷に入っては郷に従え（ことわざ）

When in Rome, do a__ the Romans do.

ヒント 「〜のように」という接続詞

富士山は必見です。

Mt. Fuji is a m_____.

ヒント 助動詞としては「〜しなければならない」の意味ですが、ここでは名詞

サグラダ・ファミリアは死ぬまでに訪れたい場所です。

I want to visit Sagrada Familia b_____ I die.

ヒント 「〜までに」は「〜する前に」

日本には「お遍路」という巡礼旅があるんだ。

In Japan, there is a p_____ called "Ohenro."

ヒント 「聖地を訪れること」を表す名詞

ロンドンで観光するときにはオイスターカードが必須だよ。

The Oyster card is essential when
t_____ around London.

ヒント 「観光する」という動詞の ing 形

When in Rome, do as the Romans do.

郷に入っては郷に従え（ことわざ）

特定の文化圏に入ったらその場所の行動様式に従うべきであるという意味の表現です。直訳すると「ローマにいるときはローマ人がするようにしなさい」となりますが、4 世紀のキリスト教聖人であるアウグスティヌスの言葉が由来とされています。

Mt. Fuji is a must.

富士山は必見です。

日本の富士山に関する表現です。助動詞として知られる must を名詞形で「必見」という意味で表現しています。It's a must! とよりカジュアルに使うことができます。さらに複合名詞にして must-see（必見）と表現することもでき、It's a must-see! と言うことも可能！

I want to visit Sagrada Familia before I die.

サグラダ・ファミリアは死ぬまでに訪れたい場所です。

スペインの世界遺産であるサグラダ・ファミリアの表現です。副詞節の before I die を追加することで本当にその場所に行きたい気持ちが伝わります。I want to visit Kyoto before I die. のように応用できます。ちなみに死ぬまでに叶えたいことをリストにしたものを bucket list と呼びます。

In Japan, there is a pilgrimage called "Ohenro."

日本には「お遍路」という巡礼旅があるんだ。

お遍路は四国88カ所の霊場を巡ること。pilgrimage は「巡礼の旅、聖地参拝」、または「何かの特定の目的がある長旅」を意味し、この行為をする人のことを pilgrim（巡礼者）と呼びます。

The Oyster card is essential when travelling around London.

ロンドンで観光するときにはオイスターカードが必須だよ。

ロンドンでの交通カードに関する表現です。essence（本質）の形容詞形である essential は「必要不可欠な」という意味でこれがないと生きていけないというような本質的に重要であることを描写するときに使います。A Suica card is essential when travelling around Tokyo. のように応用可能！

これだけキーワード

言い間違える国名・地名

ヴェネツィア	**Venice**	チューリッヒ	**Zurich**
フィレンツェ	**Florence**	オランダ	**the Netherlands**
ナポリ	**Naples**	ハーグ	**The Hague**
トリノ	**Turin**	プラハ	**Prague**
ベルサイユ	**Versailles**	ワルシャワ	**Warsaw**
エッフェル塔	**the Eiffel Tower**	モスクワ	**Moscow**
ミュンヘン	**Munich**	サンクトペテルブルク	**Saint Petersburg**
ドナウ	**Danube**	テヘラン	**Tehran**
ウィーン	**Vienna**	ブエノスアイレス	**Buenos Aires**
ジュネーブ	**Geneva**	北京	**Beijing**

知って納得の一生モノ知識

旅は長さによって単語が違う！ trip は「すぐに戻ってくるような短い旅行」、travel は「一般的な長期的な旅」、tour は「観光目的の旅行」、journey は「長期的で苦労を伴うこともある旅」です。jour の語源はフランス語で「1 日」を意味し英語の day（日）に相当します。journal（1 日の出来事をまとめた日記や日誌）、journalist（1 日の出来事をまとめる人＝ジャーナリスト）、adjourn（1 日予定を延ばす＝延期する）が同語源です。expedition は「環境の探索や研究などを目的とした旅」です。語源は ex（外）＋ ped（足）なので遠方に足を出して行くイメージです。ped が付く英単語は他にも pedal（足で漕ぐペダル）、pedestrian（歩行者）などがあります。pass（通過する）や pace（歩幅）、意外にも pioneer（先駆者）も同語源です。

37 🔘Track 37
自然・環境を語る

STEP ❶ グローカルマインドをおさえる

国連で採択された2030年までに達成すべき17の国際目標である
SDGs（Sustainable Development Goals）は、持続可能な開発目標
を意味し、持続可能な世界を実現するための包括的な取り組みです。
中でも環境の項目が最も多くを占め、世界中で達成に向けて議論さ
れています。世界の自然現象から自然災害、生活を取り巻くあらゆ
る環境問題について語れるようにしておきましょう。

STEP ❷ グローカル英語のキホン

多くの企業が環境に配慮した製品を作っています。

Many companies are making e_____ conscious products.

ヒント 「環境」の副詞形

燃えるごみと燃えないごみは分けてください。

S_____ burnable and non-burnable trash.

ヒント 「〜を分別する」という動詞

津波警報が出たら、とにかく高いところへ逃げてください。

If a tsunami warning is issued, you must evacuate to h_____ ground.

ヒント 「高い」という形容詞の比較級

カリフォルニアは毎年のように干ばつや山火事が発生している気がする。

California seems to have d_____ and wildfires every year.

ヒント 「干ばつ」という名詞

温室効果ガスは地球温暖化にどのくらい影響を与えていると思いますか?

How much do you think g_____ gases contribute to global warming?

ヒント 「温室効果のある」という形容詞

STEP ❸ 英語を確認してみよう

Many companies are making environmentally conscious products.

多くの企業が環境に配慮した製品を作っています。

環境に配慮した企業の取り組みに関する表現です。environmentally friendly（環境にやさしい）や類義表現の sustainable（持続可能な）も覚えておきましょう。

Separate burnable and non-burnable trash.

燃えるごみと燃えないごみは分けてください。

ごみの分別に関する表現です。「〜を分ける、分別する」は separate、「ごみ」は trash です。国や地域によって分別の基準は異なりますので注意が必要です。

If a tsunami warning is issued, you must evacuate to higher ground.

津波警報が出たら、とにかく高いところへ逃げてください

日本語の「津波」はそのまま tsunami と表現します。高いところは higher ground。沿岸地域で地震が起きたら、周りの人が平然としていてもとにかくその場から離れることを促す必要があります。

California seems to have droughts and wildfires every year.

カリフォルニアは毎年のように干ばつや山火事が発生している気がする。

自然災害に関する表現です。drought（干ばつ）の発音は要注意です。山を含む自然界で起きる火災には wild（自然界の）を使います。

How much do you think greenhouse gases contribute to global warming?

温室効果ガスは地球温暖化にどのくらい影響を与えていると思いますか？

地球温暖化に関する表現です。海外ではそもそも地球温暖化に懐疑的な人もいますし、人為的行為（車による排ガスなど）に関係なく地球の気温が高くなる周期にある、だから排気ガス規制をしても意味はないと考える人もいます。

距離を縮める

これだけキーワード

自然災害のキーワード

地震	earthquake		ハリケーン	hurricane
津波	tsunami		サイクロン	cyclone
洪水	flood		台風	typhoon
豪雨	heavy rain		竜巻	tornado
土砂崩れ	landslide		熱波	heat wave
鉄砲水	flash flood		寒波	cold wave
大雪	heavy snow		干ばつ	drought
雪崩	avalanche		地球温暖化	global warming
火山噴火	volcanic eruption		異常気象	abnormal weather
山火事	wildfire			

知って納得の一生モノ知識

日本語と英語の語源に迫る！　日本語で「自然」は「自ら然る」、つまり「ありのままの状態」と解釈できます。nature の nat はラテン語由来で「生まれる」、名詞化語尾の ure は「～されたもの」から「自然」を意味します。熟語の by nature は「生まれつき」という意味で Man is by nature a social animal.（人間は生まれつき社会的な動物である）などのように使われます。「自然」という意味だけでなく「本質、本性」という意味で使われることも多く、human nature（人間本性）が代表例です。nat（生まれる）が語源の英単語は他にも innate（生来の）、native（出生地の）、natal（出生の）などがありますのでまとめて覚えておきましょう。

🎧 Track 38
生物・動物を語る

STEP ❶ グローカルマインドをおさえる

好きな動物や飼っているペットについて友達と語ることや、日本に
しかいない動物や絶滅危惧種について語る場面もあるかもしれませ
ん。また、動物園やペットショップの存在についても倫理的側面か
ら賛否両論あり、さまざまな意見が飛び交います。動物について知
見を深める際には子ども向けの National Geographic の教材や動画
がおすすめです。動物の生態系について深く学び、生き物がおかれ
ている状況を議論できるようにしておきましょう。

STEP ❷ グローカル英語のキホン

カエルは両生類に分類されます。

Frogs are c_____ as amphibians.

ヒント 「〜を分類する」という動詞の過去分詞形

コウモリは夜明けと夕暮れ時に活動的です。

Bats are active at d_____ and d_____.

ヒント 「夜明け」と「夕暮れ」の名詞

パンダはかつて絶滅危惧種だったのです。

Pandas were once an e_____ species.

ヒント 「〜を絶滅の危険にさらす」という動詞の過去分詞形

チャールズ・ダーウィンは自然選択説を提唱しました。

Charles Darwin p_____ the theory of natural selection.

ヒント 「〜を提案する」という動詞

フランスでは動物はもはや店で売られなくなるよ。

Animals will n___ l_____ be sold at pet stores in France.

ヒント 「もはや〜でない」を表す定番

Frogs are classified as amphibians.

カエルは両生類に分類されます。

両生類（amphibians）のカエルに関する表現です。be classified as は「〜として分類される」。amphibians（両生類）以外にも mammals（哺乳類）、reptiles（爬虫類）、birds（鳥類）、fish（魚類）などがあります。

Bats are active at dawn and dusk.

コウモリは夜明けと夕暮れ時に活動的です。

夜行性（nocturnal）であるコウモリに関する表現です。dawn and dusk（夜明けと夕暮れ）は日の出と日の入りの時間帯。鳥類ではフクロウ（owl）も夜行性です。

Pandas were once an endangered species.

パンダはかつて絶滅危惧種だったのです。

中国のパンダに関する表現です。絶滅危機の原因は気候変動（climate change）、パンダ狩り（Panda hunting）、繁殖力の低さ（low mating rate）と言われています。パンダ外交（Panda diplomacy）についても語れるようにしておきましょう。

Charles Darwin proposed the theory of natural selection.

チャールズ・ダーウィンは自然選択説を提唱しました。

propose は「提案する」「提唱する」以外に「結婚を申し込む」という意味があります。宗教上の理由から『種の起源』を発表したのはオックスフォードやケンブリッジではなくロンドン大学でした。

Animals will no longer be sold at pet stores in France.

フランスでは動物はもはや店で売られなくなるよ。

フランスでは動物愛護の観点からペットショップは動物虐待にあたると考えられています。no longer は「もはや〜ない」という意味で、ここでは動物が主語になる受動態で表現されています。

距離を縮める
これだけキーワード

生物基本分類

脊椎動物	vertebrates		

進化論　**theory of evolution**
生物は単純な生物から進化してきたとする考え。

哺乳類　**mammals**

創造論　**creationism**
神や超自然的な存在によって万物ができたとする説。

鳥類　**birds**

爬虫類　**reptiles**

自然選択説　**natural selection**
適応力がある種が生き残り、不適応者は淘汰されるとする説。

両生類　**amphibians**

魚類　**fish**

優生学　**eugenics**
望ましくない特性を持つ遺伝子を排除しようとする論。

無脊椎動物　**invertebrates**

節足動物　**arthropods**

絶滅危惧種　**endangered species**
生息数が減少し、絶滅の危険にさらされている生物。

軟体動物　**mollusks**

知って納得の一生モノ知識

覚えておきたい動物イディオム！　世界中の言語には動物を使ったイディオムが数多く存在します。日常的によく使うのが、せわしなく動き回り花の蜜をかき集める蜂の様子からきた busy as a bee という表現で、「とても忙しい」という意味です。また eat like a horse は「馬のようにガツガツ食べる」という食欲の旺盛さを表した比喩表現で、大食いの人などを描写するときに使います。また、四字熟語の「一石二鳥」は英語の Kill two birds with one stone. を訳したものです。そして I've got butterflies in my stomach. というフレーズは、直訳すると「蝶々がお腹の中で飛んでいる」となりますが、「緊張する」という意味があり、人前に立つときや重要なプレゼンの前などによく使います。動物にまつわる表現はその土地の文化や歴史にまつわることが多く、言語を超えた学びが多くあります。

🎧 Track 39
科学・技術を語る

STEP ❶ グローカルマインドをおさえる

新しいことに挑戦するときには必ず障壁にぶち当たります。新しいテクノロジーが市場に入ってきたときの普及率を示すイノベーター理論によると、innovator（革新者）、early adopter（初期採用者）、early majority（前期追随者）、late majority（後期追随者）、laggard（遅滞者）の5タイプに分けられます。最初の2段階を超えるための溝のことを「キャズム」と呼び、変化の激しい時代においては innovator と early adopter になることを意識して、常に新しい科学や技術に触れていくことが大切です。急速に進化するテクノロジーについて常に最新情報を追いかけ、有効活用できるようにしましょう。

AIは人間の能力を上回ることができます。

AI can o_____ humans.

ヒント パフォーマンスが上回るということ

ChatGPTは至るところに存在しています。

ChatGPT has become u_____.

ヒント 日本語でも「ユビキタス」

必要は発明の母(ことわざ)

Necessity is the mother of i_____.

ヒント 「発明」という名詞

テクノフォビアとは技術に対する根深い恐怖心のことです。

Technophobia is a d_____-r_____ fear of technology.

ヒント 「深く根付いた」という形容詞

世界の原子炉の約3分の1はアジアにあります。

About a third of the world's n_____ r_____ are found in Asia.

ヒント 直訳は「核の」「反応炉」

AI can outperform humans.

AI は人間の能力を上回ることができます。

「能力」を表す助動詞の can を用いた人工知能に関する表現です。AI（人工知能）は artificial intelligence のこと。「〜よりも性能が優れる」という動詞である outperform を用いて AI が人間を上回る能力があることを描写しています。

ChatGPT has become ubiquitous.

ChatGPT は至るところに存在しています。

AI（人工知能）に関する表現です。ubiquitous は omnipresent や throughout the world（世界の至る所に）、exists in every corner of the world（世界の至る所に存在する）などに言い換え可能。

Necessity is the mother of invention.

必要は発明の母（ことわざ）

新しい発明や革新は困難や問題に直面したときに生まれるということわざです。necessity は「必要であること」、つまり必要に迫られることで invention（発明）が生まれると解釈できます。

Technophobia is a deep-rooted fear of technology.

テクノフォビアとは技術に対する根深い恐怖心のことです。

恐怖心を定義する表現です。deep-rooted は「根深い」という形容詞で、変えることが難しい状態を描写します。-phobia（恐怖）がつく複合名詞は他にも acrophobia（高所恐怖症）や xenophobia（外国人嫌い）などがあります。

About a third of the world's nuclear reactors are found in Asia.

世界の原子炉の約 3 分の 1 はアジアにあります。

原子炉に関する表現です。a third は「3 分の 1」という意味となり、one third に言い換え可能。「3 分の 2」のように分子が増えると、two thirds と分母が複数形になります。

世界の歴史的科学者

アルキメデス	**Archimedes**	古代ギリシャの物理学者・数学者
プトレマイオス	**Ptolemy**	天動説(地球中心説)を提唱
コペルニクス	**Nicolaus Copernicus**	太陽中心説の提唱
ガリレオ・ガリレイ	**Galileo Galilei**	天文学の父
アイザック・ニュートン	**Isaac Newton**	万有引力の発見
アインシュタイン	**Albert Einstein**	相対性理論の提唱
トーマス・エジソン	**Thomas Edison**	白熱電球の普及
マリ・キュリー	**Marie Curie**	放射線の研究
スティーヴン・ホーキング	**Stephen Hawking**	ブラックホールの研究

知って納得の一生モノ知識

頭の中に良いアイデアが来る? invention は in(中に)+ vent(来る)+ tion(名詞語尾)という語源で、頭の中にやって来ると解釈できます。vent(来る)がつく英単語は、他にも con(共に)+ vent(来る)=共に集まってくる「convention(集会)」、e(外)+ vent(来る)=カレンダーの枠を外れた「event(イベント)」、pre(前に)+ vent(来る)=人の前に来て邪魔して「prevent(妨げる)」などがあります。innovation は in(中に)+ nov(新しい)+ tion(名詞語尾)という語源で、中に新しいものが生まれると解釈できます。nov(新しい)がつく英単語は他にも novel(小説)、novice(初心者)、novelty(目新しさ)、renovation(修復)などがあります。

恋愛・結婚を語る

STEP ❶ グローカルマインドをおさえる

日本では相手と付き合う段階で「告白」という明示的な儀式がある場合が多いですが、多くの英語圏では暗示的なコミュニケーションを通してカップルが成立します（つまり、「告白」儀式が一般的ではない）。そして「結婚」という仕組みは近代的なプロセスであり、生物学的にも異性が共に暮らし、子どもが成人するまで責任を持って育て上げるという行為は人類の長い歴史から見るとごく最近始まった風習であると言われています。私自身、国際結婚をしていますが、恋愛や結婚の事情は文化ごとに多様であり、日々のカルチャーショックから学んでいくことが重要だと感じています。恋愛や結婚についても地域や時代を超えて議論できるようにしておきましょう。

STEP ❷ グローカル英語のキホン

恋は盲目（ことわざ）

Love is b_____.

ヒント 「盲目の」という形容詞

10代の恋愛関係は続きません。

Teenage relationships don't l_____.

ヒント 「続く」という動詞

日本では同性婚はまだ違法です。

Same-sex marriage is still i_____ in Japan.

ヒント 「違法である」という形容詞

日本では結婚したカップルは同じ姓を名乗ることが一般的です。

In Japan, married couples typically have the same s_____.

ヒント 「姓」を表す名詞

小さなことを大きな愛をもって行いましょう。

Do s_____ things with g_____ love.

ヒント それぞれ「小さな」「すごい」という形容詞

Love is blind.

恋は盲目（ことわざ）

シェイクスピアの『ヴェニスの商人』で使われた表現です。blind は「目が見えない」という意味で、恋に落ちると相手の短所や欠点が目に入ってこないということを表現しています。Cupid is painted blind.（キューピッドは盲目と描かれている＝恋は心でするもの）という表現も覚えておきましょう。

Teenage relationships don't last.

10代の恋愛関係は続きません。

last は形容詞では「最後の」という意味がありますが、動詞では「続く」という意味です。副詞の long で修飾し last long とすると「長続きする」という意味になります。

Same-sex marriage is still illegal in Japan.

日本では同性婚はまだ違法です。

日本の同性婚に関する表現です。「違法な」を意味する illegal は legal（合法の）に「否定」を表す接頭辞 i- がついたものです。「法律」という語源の leg が付く英単語は他にも legislation（法律）、privilege（特権）があります。

In Japan, married couples typically have the same surname.

日本では結婚したカップルは同じ姓を名乗ることが一般的です。

日本の結婚に関する表現です。surname は「姓」「名字」のこと。

Do small things with great love.

小さなことを大きな愛をもって行いましょう。

マザー・テレサの名言です。愛とは大きな行為ではなく、小さな思いやりの積み重ねにあるということを small と great という反対の意味を持つ形容詞を用いて表現しています。類似表現の Actions speak louder than words.（行動が何より大切）も覚えておきましょう。

これだけキーワード

知っておきたい結婚に関するキーワード・表現

Happily ever after.

● 「末永くお幸せに」という意味でのメッセージです（会話では使用しません）。

rehearsal dinner

● 結婚式の前日に家族と親しい友人のみで開く食事会です。

pop the question

● 「プロポーズをする」というイディオムです。

I'm seeing someone.

● 「デートをしている特定の人がいます」というイディオムです。

bridesmaid

● 結婚式の準備や進行、サポートをする女性です。新婦の友人が務めます。

groomsman

● 結婚式の準備や進行、サポートをする男性です。新郎の友人が務めます。

知って納得の一生モノ知識

新時代の結婚とは？　広辞苑でも男女が夫婦になることを「結婚（marriage）」と定義していますが、同性婚（same-sex marriage）や事実婚（common-law marriage）など時代とともに結婚の形も変わりつつあります。現代における結婚は、独身の人（single person）が婚約（engagement）をしてお互いが配偶者（spouse）となり結婚している状態（married）となります。wedding は結婚に伴われる祝宴のことを指します。wed には文語で「結婚する」という意味があります。最近結婚した人のことを newly-wed と表し、congratulate the newly-weds with a glass of champagne（シャンパンで新婚夫婦を祝う）と表現することができます。

🎧 Track 41
政治・経済を語る

STEP ① グローカルマインドをおさえる

日本は戦後から高度経済成長期を経て米国に次ぐ第2位の経済力を持つ超大国になった歴史がありますが、過去30年は成長が止まり、「失われた30年」と言われています。かつて economic superpower（経済大国）と呼ばれていた日本は人口が急激に減り、GDP は縮小しています。日本国内だけでなく世界の政治や経済に目を向け、世界がどのような方向に向かっているのかを常に意識し、英語で情報を入手していくマインドが重要です。ここでは世界の政治や経済について語るための表現を見ていきましょう。

億万長者の数が急増しています。

The number of billionaires has s_____.

ヒント 空に向かってロケットが飛び立っていくイメージ

世界約200カ国あるうち、民主的な国はせいぜい60カ国です。

There are about 200 countries in the world, of which at m_____ 60 are democratic.

ヒント 「せいぜい、多くても」

世界のGDPは約100兆ドルで、そのうち4分の1をアメリカが占めています。

World's GDP is about $100 t_____, of which the US accounts for a quarter.

ヒント 「兆」

かつてGDP世界2位だった日本は、中国とドイツに抜かされて4位に後退しました。

Japan's GDP, once the world's second largest, has been o_____ by China and Germany, and has now dropped to fourth place.

ヒント 「～を追い抜く」という動詞の過去分詞形

北欧諸国は一人当たりGDPも幸福度も高いことで知られています。

N_____ countries are known for both their high GDP per capita and their high happiness levels.

ヒント 「北欧の」

STEP ❸ 英語を確認してみよう

The number of billionaires has skyrocketed.

億万長者の数が急増しています。

億万長者の数に関する表現です。skyrocket は口語表現で「急増する」という意味です。数が増えるときには The number of で始めるのが鉄則です。ほかに、billionaire（億万長者）より広義の「お金持ち」の意味で使われる millionaire などの語があります。

There are about 200 countries in the world, of which at most 60 are democratic.

世界約200カ国あるうち、民主的な国はせいぜい60カ国です。

世界の人口（population）はおよそ80億人（8 billion）です。政治に関連する social democracy（社会民主主義）や communism（共産主義）などもまとめて覚えておきましょう。

World's GDP is about $100 trillion, of which the US accounts for a quarter.

世界の GDP は約100兆ドルで、そのうち4分の1をアメリカが占めています。

兆は trillion、億は hundred million で表します。4分の1は a quarter、半分は（a）half です。数字を述べたあとに、..., of which A account(s) for B で「〜のうち A が B を占めている」と表現できます。

Japan's GDP, once the world's second largest, has been overtaken by China and Germany, and has now dropped to fourth place.

かつて GDP 世界2位だった日本は、中国とドイツに抜かされて4位に後退しました。

1968年に西ドイツを抜き、日本は世界第2位の経済大国になりました。40年以上にわたって2位を維持してきましたが、今後さらなる縮小が予見されています。

Nordic countries are known for both their high GDP per capita and their high happiness levels.

北欧諸国は一人当たり GDP も幸福度も高いことで知られています。

「一人当たり GDP」は英語では GDP per capita ですが、「幸福度」については特定の表現はなく、happiness level や単に happiness で伝わります。

各国主要政党

日本

自由民主党
Liberal Democratic Party

立憲民主党
Constitutional Democratic Party of Japan

日本維新の会
Japan Innovation Party

中国

共産党
Communist Party

米国

共和党
Republican Party

民主党
Democratic Party

英国

保守党
Conservative Party

労働党
Labour Party

知って納得の一生モノ知識

日本経済の行方は？ 「景気停滞」を economic stagnation と表現し、一時的な景気後退は recession と表現します。recession の語源は re（後ろに）＋ cess（進む）なのでネガティブな方向に進んでいっているイメージができます。1930 年代に起きた「世界恐慌」は Great Depression と表現されます。economy（経済）の形容詞形である economic（経済の）と相性の良い英単語として economic growth（経済成長）、economic boom（経済好景気）、economic recovery（景気回復）、economic disparity（経済格差）、economic sanctions（経済制裁）などが挙げられます。economy（経済）には「節約」という意味もあり、そこから派生した形容詞が economical（経済的な）です。Buying in bulk is more economical than shopping in small quantities.（少量での買い物よりも大量購入の方がより経済的だ）のように使いますので混同しないように気をつけましょう。

⊙Track 42
宗教・迷信を語る

STEP ① グローカルマインドをおさえる

相手との関係性が深くなると自分の信念や信仰を英語で語る機会が多くなります。Do you believe in any superstitions? と尋ねられたときに、自身の経験談とともに日本独特の迷信を語れるようにしておきましょう。また「日本人は無宗教である」という発言をよく耳にしますが、日本人の宗教に対する考えや自分自身の信仰について正確に英語で表現できるようにしておくことも大切です。ここでは宗教や迷信を語る上での英語表現を見ていきましょう。

STEP ❷ グローカル英語のキホン

全ての出来事には理由があります。

Everything happens f____ a r_____.

ヒント 「理由があって」を表す副詞句

セレンディピティーとは幸運な偶然の一種です。

Serendipity is a kind of happy c_____.

ヒント 「偶然」という名詞

マレーシアではイスラム教が主流の宗教です。

Islam is the main r_____ in Malaysia.

ヒント 「宗教」の名詞

家の中で傘を開くと不運を招くと言われています。

Opening an umbrella indoors is said to b_____ bad luck.

ヒント 「〜を持ってくる」という動詞

神社では、二礼二拍手一礼をして参拝します。

At Shinto shrines, you w_____ by performing two bows, two claps, and then one more bow.

ヒント 「参拝する」という動詞

Everything happens for a reason.

全ての出来事には理由があります。

「世の中の出来事は何事も意味があって起こる」という意味です。happen は hap（偶然）＋ en（動詞接尾辞）という語源で、happiness（幸運）や perhaps（おそらく）も同語源です。

Serendipity is a kind of happy coincidence.

セレンディピティーとは幸運な偶然の一種です。

fortune は「人生で起こる良いことや悪いことや運命」などを意味し、destiny は「個人の運命」、fate は「神が定める運命」、karma は「ヒンドゥー教や仏教での因果応報を意味する運命」です。また jinx（ジンクス）は「不運」や「縁起が悪いもの」を指します（つまり、良いジンクスというものはありません）。

Islam is the main religion in Malaysia.

マレーシアではイスラム教が主流の宗教です。

religion は re（強調）＋ lig（結ぶ）という語源で、league（連盟）や alliance（同盟）と同語源です。Christianity（キリスト教）、Islam（イスラム教）、Hinduism（ヒンドゥー教）、Judaism（ユダヤ教）、Buddhism（仏教）について語れるようにしておきましょう。

Opening an umbrella indoors is said to bring bad luck.

家の中で傘を開くと不運を招くと言われています。

古代エジプトに由来すると言われる、傘に関する迷信の表現です。bring は「持ってくる」以外にも「もたらす」という意味があります。中国では「傘」の発音がネガティブな言葉を連想してしまうため、贈り物にしてはいけないという迷信があります。

At Shinto shrines, you worship by performing two bows, two claps, and then one more bow.

神社では、二礼二拍手一礼をして参拝します。

日本の神道に関する表現です。worship は「崇拝する、礼拝する」という意味で崇高な敬意と崇拝の念があり、宗教的な文脈でよく使われます。より頻度の高い類義語として pray があります。

距離を縮める

これだけキーワード

古代世界の七不思議

古代ギリシャの数学者で旅行家のフィロンが書き残したものが由来。2007年、スイス「新世界七不思議財団」によって現代の七不思議も決定されました。

Great Pyramid of Giza   ギザの大ピラミッド（エジプト）

Hanging Gardens of Babylon   バビロンの空中庭園（イラク）

Temple of Artemis at Ephesus   エフェソスのアルテミス神殿（トルコ）

Statue of Zeus at Olympia   オリンピアのゼウス像（ギリシャ）

Mausoleum at Halicarnassus   ハリカルナッソスのマウソロス霊廟（トルコ）

Colossus of Rhodes   ロードス島の巨像（ギリシャ）

Lighthouse of Alexandria   アレクサンドリアの大灯台（エジプト）

知って納得の一生モノ知識

迷信の話なんてしない？ 異文化交流では迷信が話題となることがあります。ウガンダでは双子が生まれると呪い（curse）がかけられていると信じられ、クロアチアでは黒猫を見ると3回唾を吐かないと不運（bad luck）が訪れると信じられています。黒猫はエジプト神話に登場する Bastet の象徴であり、女神として崇拝され、猫の瞳孔が月の満ち欠けに連想されたそうです。また宗教に関する由来も多く英語圏では Friday the 13th は不吉であり、この日は大事な出来事などは避けるように言われています。一説ではキリストを裏切ったユダが最後の晩餐の13番目の席についたことが由来だそうです。他方で12は縁起の良い数字とされ、クリスマスから公現祭までの12日を意味する Twelve Days of Christmas や、オリンピックの起源とも言われるギリシャ神話の Twelve Olympians（オリュンポス十二神）などが由縁として挙げられます。

日常会話イディオム 🎧Track 43

come や get、make などの重要基本単語と前置詞・副詞との組み合わせは
カンタンなのに忘れがち。一覧で確認することで頭が整理されます。
ここで紹介したイディオムを覚えれば難しい単語は必要ない！

Come

about	起こる、生じる	How did that come about? どうしてそんなことが起こったのですか？
across	理解される、 伝わる	It's important to consider how you come across to others. 他の人にどのように伝わるかを考えることが重要だ。
after	〜の後を追う	She came after me with a knife. 彼女はナイフを持って私を追ってきた。
along	うまくいく、 （仕事などが） はかどる	His golf swing has really come along after all that practice. 彼のゴルフスイングは猛練習の末に大いに上達した。
around	やっと同意する	He finally came around to our point of view. 彼はやっと私たちの考えに同意した。
away	（〜という 気持ちを） 抱いて去る	I came away from the seminar feeling inspired. 私はセミナーから感銘を受けて帰った。

back	戻ってくる	When will you come back from your trip? 旅行からいつ戻ってくるの？
between	〜の間に入る、 〜の邪魔をする	Financial issues came between us. お金が絡む問題が私たちの仲を裂いた。
by	立ち寄る	Can you come by my office later? 後で私のオフィスに立ち寄ってもらえますか？
down	降る、落ちる	The rain came down heavily last night. 昨夜は雨が激しく降った。
for	〜を取りに来る、 〜のために来る	The taxi will come for us at 7 P.M. タクシーが午後7時に私たちを迎えに来ます。
forward	〜を申し出る	He came forward with information about the crime. 彼はその事件についての情報を提供してきた。
from	〜から来る、 〜の出身である	She comes from a small town in the countryside. 彼女は田舎の小さな町の出身です。
in	入ってくる、 参加する	Please come in and have a seat. 中に入って座ってください。
into	入ってくる、 相続する	She came into a large sum of money unexpectedly. 彼女は思いがけず大金を手に入れた。
of	〜の結果として 生じる	I wonder what will come of this situation. この状況は今後どうなっていくんだろう。

off	外れる	The lid of the jar wouldn't come off no matter how hard I twisted it. どんなに力を入れても、その瓶のふたは外れなかった。
on	さあ、早く来て	Come on, let's go for a walk. さあ、散歩に行こう。
out	出てくる	The sun came out from behind the clouds. 太陽が雲の後ろから出てきた。
over	訪れる	Can you come over to my place tomorrow? 明日私の家に遊びに来てくれますか？
through	～を成功する、 ～を乗り越える	I hope she comes through the surgery okay. 彼女が手術をうまく乗り越えることを願っています。
up	起きる、 発生する	A new problem has come up at work. 仕事で新しい問題が発生した。
with	～と一緒に来る、 ～に付いている	Does this espresso machine come with a warranty? このエスプレッソマシーンには保証が付いていますか？

Get

across	～を伝える	She struggled to get her point across during the debate. 彼女は議論の中で主張を伝えるのに苦労した。

after	〜をせき立てる	**My mom always gets after me to clean my room.** 母はいつも私に部屋の掃除をさせようとする。
along	仲良くやる、 うまくやる	**We get along with our neighbors.** 私たちはご近所さんとうまくやっている。
around	〜を避ける	**We need to find a way to get around the traffic.** 交通渋滞を避ける方法を見つけなければならない。
away	（気晴らしなどで） 遠出する、 どこかに行く	**Let's get away for the weekend and relax.** 週末に遠出してリラックスしよう。
back	戻る	**What time will you get back?** 何時に帰ってくるの？
between	〜の間に入る、 〜の間に立つ	**Money should never get between friends.** 友人関係にお金を持ち込むべきでない。
beyond	〜を超える、 〜を乗り越える	**It's hard to get beyond your fears sometimes.** 恐怖を乗り越えるのは時に難しい。
by	何とかやって いく、 やりくりする	**After losing his job, he needed help from his family to get by.** 失業した後、彼はやりくりするために家族の助けが必要だった。
down	落ち込む	**Don't let the bad news get you down.** 悪いニュースに落ち込まないで。
in	（車などの） 中に入る、 乗り込む	**Please get in the car, we're leaving soon.** どうぞ車に乗って。もうすぐ出発します。

into	〜に興味を持つ、〜に入り込む	I got into guitar when I was in elementary school. 小学生のとき、私はギターに夢中になった。
off	〜から降りる	Get off the bus at the next stop. 次の停留所で降りてください。
on	（乗り物などに）乗る	Let's get on the bus. バスに乗りましょう。
out of	〜の外に出る	It's time to get out of the house and enjoy the sunshine. 家を出て日光を浴びに行こう。
over	〜を乗り越える、〜を克服する	I hope you can get over your cold soon. 早く風邪が治りますように。
through	〜を乗り越える、〜を克服する	We'll get through this tough time together. 一緒にこの厳しい時期を乗り越えよう。
up	起きる、立ち上がる	I need to get up early tomorrow. 明日は早く起きないといけない。

Give

away	〜を無償で与える	She likes to give away her old clothes to charity. 彼女は古着を慈善団体に寄付するのが好きです。
back	〜を返す	Please give me back my book. 私の本を返してください。
in	〜に妥協する、屈する	Don't give in to peer pressure. 周りの人のプレッシャーに屈しないで。
off	（臭い、熱などを）発する、放出する	The flowers give off a pleasant fragrance. その花からはいいにおいがします。
out	（力、エネルギーなどを）使い果たす、切れる	The marathon runner's legs gave out as he crossed the finish line. ゴールを超えたとたんに、マラソン選手の足は力尽きた。
over	（物を）手渡す、譲る	He gave over the files to the investigators. 彼はファイルを捜査員に引き渡した。
up	あきらめる、断念する	Don't give up on your dreams. 夢を諦めないで。
give (oneself) up	出頭する	The suspect gave himself up to the police. 容疑者は警察に出頭した。

Go

about	〜に取り組む	How should we go about solving this problem? どうやってこの問題を解決しましょうか？
across	〜を横断する、 〜を渡る	We need to go across the bridge to reach the other side. 向こう側に行くには橋を渡らなければならない。
after	〜を追いかける、 探し求める	The dog went after the cat in the backyard. 犬が裏庭で猫を追いかけてたんだよ。
against	〜に反対する、 逆らう	She went against her parents' wishes and pursued her dream to become an actor. 彼女は両親の望みに逆らい、女優になるという夢を追いかけた。
along with	〜に賛成する	Everyone agreed to go along with the proposed timeline. 全員が提案されたスケジュールで事を進めることに賛成した。
around	周囲を回る、 迂回する	The car in front of us is broken down —— let's go around. 前の車が故障しているんだ。迂回しよう。
away	去る、消える	Go away! You're not welcome here! 向こうに行って！ ここはあなたの来るところじゃない。
back	戻る、元に戻る	I need to go back home to get my wallet. 財布を取りに家に戻らないといけない。

before	～に出頭する	He had to go before Congress to give testimony on the matter. 彼はその問題について証言するために議会に出頭しなければならなかった。
beyond	～を超える、 ～を越える	The event goes beyond my expectations. そのイベントは私の期待以上だった。
by	経過する、 通り過ぎる	Time goes by so quickly when you're having fun. 楽しい時は時間があっという間に過ぎる。
for	～にする	She decided to go for the vegetarian option at the restaurant instead of the steak. 彼女はそのレストランでステーキの代わりにベジタリアン料理にすることにした。
into	～に入る、 ～について 詳細に述べる	We don't need to go into the details of the plan right now. 今すぐにその計画の詳細を検討する必要はない。
off	鳴る、爆発する	The alarm clock went off at 6 A.M. 目覚まし時計が朝 6 時に鳴った。
on	続く、進む	The show must go on, no matter what. 何があってもショーは続けなければならない。
out	外出する	Let's go out for dinner tonight. 今夜は外食しましょう。
through	～を経験する、 通り抜ける	I'm going through a difficult time right now. 私は今、困難な時を経験している。
up	上がる、 増加する	The price of gas is going up again. ガソリン価格が再び上がっている。

| without | ～なしで
済ませる | I can't go without my morning cup of coffee.
朝のコーヒーなしにはやっていけない。 |

Make

away with	～を持ち去る、 盗む	The thief tried to make away with the jewels. その泥棒はそれらの宝石を持ち去ろうとした。
for	～に向かう、 進む	Let's make for the exit before it gets too crowded. 混雑する前に出口に向かいましょう。
A into B	AをBに変える、 変換する	They plan to make the old barn into a cozy guesthouse. 彼らはその古い納屋を居心地の良いゲストハウスに改築する予定だ。
sense of	～を理解する、 考える	She couldn't make sense of the complicated instructions. 彼女はその複雑な指示を理解できなかった。
off	逃げる、 立ち去る	The man was able to make off with the money by hiding it under his coat. その男はカネをコートの下に隠し持ち去ることができた。
out	～を理解する、 ～を見分ける	I can't make out what the sign says from here. ここからはその看板になんと書いてあるのかが分からない。
A out of B	BからAを作る、 製造する	The artist made a beautiful sculpture out of recycled metal. その芸術家はリサイクルされた金属から美しい彫刻を作り出した。

out like	〜のように振る舞う、〜を装う	He always tries to make out like he's the smartest person in the room. 彼はいつも自分が一番賢い人であるかのように振る舞おうとする。
it through	〜を通り抜ける、〜を乗り越える	Despite the challenges, they managed to make it through the difficult times. 困難にもかかわらず、彼らは困難な時期を乗り越えることができた。
up	仲直りをする	The couple made up after their fight. そのカップルはケンカの後に仲直りをした。
do with	〜で間に合わせる、何とかやる	We had to make do with what we had in the fridge. 私たちは冷蔵庫の中にある、あり合わせのもので何か作らねばならなかった。
up for	〜を埋め合わせる、補う	He bought her flowers to make up for forgetting her birthday. 彼は彼女の誕生日を忘れてしまったおわびに花を買った。

Pull

against	〜に逆らう	The river's strong current pulled against the boat and made it hard to get to the other side. 川の強い流れがボートに逆らい、反対側に行くのが難しかった。
around	（車で）周りを回る	He decided to pull around to the back of the house. 彼は家の裏側に回ることに決めた。
~ apart	〜を引き離す、分解する	She couldn't pull the pieces apart after putting them together with superglue. 瞬間接着剤でくっつけた後、彼女はその部品を引き離すことができなかった。

~ aside	～を脇に寄せる	He pulled the curtain aside to let in some light. 彼はカーテンを引いて光を入れた。
away	離れる、去る	The car began to pull away from the curb. 車が歩道の縁石から離れ始めた。
down	～を倒す、壊す	They plan to pull down the old building and construct a new one. 彼らは古い建物を解体して新しい建物を建てる予定です。
for	～を応援する	I'm pulling for you. あなたを応援しているよ。
~ forward	～を前に引っ張る	She pulled the chair forward to reach the table. 彼女はテーブルに手が届くように椅子を前に引きました。
in	～を引っ張る、 ～を集める	The company hopes to pull in more customers with a new marketing campaign. その企業は新しい販売企画でより多くの顧客を引き寄せることを期待しています。
into	～に入ってくる、 ～に停車する	The train pulled into the station right on time. 列車は時間通りに駅に到着しました。
off	～をやり遂げる、 成功させる	The team was able to pull off a miraculous comeback in the final minutes of the game. そのチームは最後の数分で奇跡の逆転を果たした。
off of	～から離れる	The car pulled off of the highway into a rest area. 車が高速道路からサービスエリアへ入った。
A out of B	A を B から抜き出す、引き抜く	He carefully pulled the splinter out of his finger. 彼は慎重に指からトゲを引き抜いた。

over	車を停車させる、脇に寄せる	The police officer signaled for the driver to pull over. 警官は運転手に車を停めるよう合図した。
through	～を乗り越える	With proper treatment, he should pull through his illness. 適切な治療で、彼は病気を乗り越えるはずです。
together	団結する	The team needs to pull together to win the game. チームは試合に勝つために団結しなければならない。
up	（車などを）停める	The taxi pulled up to the curb to pick us up. タクシーが私たちを乗せるために歩道に寄せて停車しました。

Put

aside	～を脇に置く	She put aside her worries and focused on her work. 彼女は心配事を脇に置き、仕事に集中した。
away	～を片付ける	After dinner, he put away the dishes in the cupboard. 夕食の後、彼は食器を食器棚に片付けた。
back	～を戻す	Don't forget to put back the books after reading them. 読み終わったら忘れずに、本を元に戻してください。
down	～を置く	Please put your bags down here. かばんはここに置いてください。

forward	～を提案する	She put forward a new idea during the meeting. 彼女は会議中に新しいアイデアを提案した。
forth	～を提起する	He put forth a proposal for a new marketing strategy. 彼は新しいマーケティング戦略の提案を打ち出した。
in	～を入れる、 ～を費やす	He put in a lot of effort to finish the project. 彼はそのプロジェクトを完成させるために多くの努力をした。
A into B	A を B に注ぐ	She put the ingredients into the mixing bowl. 彼女は材料をミキシングボウルに入れた。
off	～を延期する、 ～を先延ばし にする	Let's put off the meeting until next week. 会議を来週まで延期しましょう。
on	～を着る	She put on her favorite dress for the party. 彼女はそのパーティーにお気に入りのドレスを着た。
~ on hold	～を保留にする	Can you stay on the line for a moment? I need to put you on hold. そのまま切らずにお待ちいただけますか？ 保留にさせていただきます。
out	～を消す	The firefighters worked around the clock to put out the forest fire. 消防士たちは山火事を消すために昼夜働いた。
A towards B	A を B に向ける	He decided to put his savings towards buying a car. 彼は車の購入に貯金を使うことに決めた。
~ to use	～を活用する	They put their skills to use in the new project. 彼らは新しいプロジェクトで自分たちのスキルを活用した。

~ to rest	〜を解決する、心配を取り除く	The conclusive evidence put the rumors to rest. 決定的な証拠が出てきてそのうわさを解決した。
through	〜の手続きを済ませる	She put through the paperwork for the new hire. 彼女は新入社員のための手続きを済ませた。
up	〜を張る、建てる	Let's put the tent up here for the night. 今夜はここにテントを張ろう。
up with	〜を我慢する	He couldn't put up with the noise any longer. 彼はもうその騒音に我慢できなかった。

Take

after	～に似ている	She takes after her mother in looks. 彼女は見た目が母親に似ている。
away	～を持ち去る、取り除く	The waiter took away our plates after we finished eating. 私たちの食事が終わると、ウェイターは皿を片付けた。
back	～を返す、返品する	I need to take back the shoes I bought the other day. 先日買った靴を返品しないといけない。
A back to B	A を B に連れ戻す	The smell takes me back to my childhood. その匂いをかぐと幼少時代に帰ったようだ。
down	～を下ろす、取り壊す	We need to take down the Christmas tree. It's already January. クリスマスツリーを片付けないと。もう1月ですよ。
from	～から取る	The quote is taken from his latest speech. その引用は彼の最新のスピーチから取られています。
A for B	AはBという印象を受ける	I take you for an intelligent young man. あなたは若く賢い男性だという印象を受けます。
in	～を見て堪能する	He paused to take in the breathtaking view of the mountains. 彼は息をのむような山々の風景を眺めるために立ち止まった。

off	飛び立つ	The plane will take off in ten minutes. 飛行機は10分後に離陸します。
out	〜を取り出す、 〜を持ち出す	Can you take out the trash? ゴミを出してもらえますか？
out A on B	BにAを ぶつける	He always takes out his frustration on his coworkers. 彼はいつも同僚に不満をぶつけます。
over	引き継ぐ	The new manager will take over next week. 新しいマネージャーが来週引き継ぎます。
~ to heart	〜を心に刻む	She took his advice to heart and applied it. 彼女は彼の助言を心に刻み、それを実行しました。
up	〜を始める	I want to take up painting as a hobby. 趣味として絵画を始めたいです。
up with	〜と付き合い 始める	She's taken up with a new group of friends lately. 最近彼女は新しい友達のグループと付き合い始めました。

\ GOAL /

終わりに

自分をしっかり理解して相手に伝える「自分軸」
相手をしっかり理解しておもんぱかる「他者軸」
社会をしっかり理解して尊敬をされる「社会軸」

このグローカル3軸をおさえることで、
ツールとしての英語が意味を持つということを
この本ではお伝えしました。

しかし、勘違いしないでください。

グローカル3軸を学んでから
英語を話しなさいという意味ではありません。

人間は失敗から学ぶ生き物です。

人間関係は失敗から学ぶのです。

人を傷つけて、信頼を失って、初めてその大切さに気が付くのです。
自分の国の歴史を答えられず、恥をかいて、学ぶ姿勢が生まれるのです。

だから、たくさんの人間と関わって、
失敗して、またこの本を読んで振り返ってみてください。

語学としての英語の話は極力避けるようにしましたが、
この本を読んだことで英語がさらに
話せるようになっていただけたら幸いです。

嶋津幸樹

英文作成・監修：Marija Tatomir

クロアチア生まれ、南アフリカ育ち。クロアチア、南アフリカ、
ルクセンブルク国籍。南アフリカ共和国プレトリア大学卒、国際
大学院 MBA 修了、現在は慶應義塾大学博士課程在籍。Amazon、
Deloitte、United Nations などのグローバル組織で実務経験があ
る。現在はタクトピア ELT コンサルタントとして執筆活動を行う。

カバー本文デザイン／DTP組版：泉沢図案室

校正：Karl Rosvold／Sandy Hayashi／
Sara O'Malley／田中国光

編集協力：Nate's English

音声：ElevenLabs／CoeFont

写真・イラスト：

rassco（カバー・オビ）、bebe3（p.1・p.5・p.14・pp.21-
22・p.25・p.30・pp.33-34・pp.37-38・p.48・p.56・
p.62・p.66・p.70・p.74・p.78・p.82・pp.87-88・p.100・
p.104・pp.107-108・p.112・p.116・p.120・p.124・p.132・
p.136・pp.139-140・p.144・p.148・pp.153-154・p.157・
pp.160-161・pp.164・pp.167-168・pp.171-174・p.178・p.181・
p.194・pp.197-198・p.202・pp.25-205・pp.221-222)、
Palau（p.20）、nishio（pp.22-202）、Huticon（pp.25-
205）、EFKS（pp.18-19）、Katsiaryna Pleshakova（p.26）、
SofiaV（pp.42-43）、AnggutChandra（p.44）、Drawlab19
（p.52・p.96）、Vectorium（pp.60-61・p.182・p.186・p.190）、
E.Va（p.60）、MoonRock（p.86・p.152）、GoodStudio（p.128）、
pingebat（pp.158-159）／@Shutterstock.com

著者紹介

嶋津幸樹　Koki Shimazu

1989 年山梨県生まれ。17 歳のときに海外進学塾を創業。青山学院大学文学部英米文学科卒。ロンドン大学教育研究所応用言語学修士課程修了。ケンブリッジ大学認定英語教授資格 CELTA 取得、IELTS 8.0 取得。Pearson ELT Teacher Award 2017 受賞。現在はタクトピア株式会社にて ELT（英語教育）ディレクターを務める傍ら、大学講師や IELTS 講師として活動中。著書に『ビジュアルで覚える IELTS 基本英単語』『解いて身につく IELTS 重要英単語』（ジャパンタイムズ出版）などがある。

世界中で使える 超英会話コミュ力

2024 年 6 月 20 日　初版発行
2024 年 8 月 20 日　第 2 刷発行

著者	嶋津幸樹　©Koki Shimazu, 2024
発行者	伊藤秀樹
発行所	株式会社ジャパンタイムズ出版
	〒102-0082 東京都千代田区一番町 2-2 一番町第二 TG ビル 2F
	ウェブサイト https://jtpublishing.co.jp/
印刷所	日経印刷株式会社

本書の内容に関するお問い合わせは、
上記ウェブサイトまたは郵便でお受けいたします。
定価はカバーに表示してあります。

ISBN 978-4-7890-1881-4 Printed in Japan

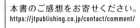

本書のご感想をお寄せください。
https://jtpublishing.co.jp/contact/comment/